国家勋章和国家荣誉称号
获得者风采录

人民出版社

2019 年 9 月 29 日，中华人民共和国国家勋章和国家荣誉称号颁授仪式在北京人民大会堂金色大厅隆重举行。中共中央总书记、国家主席、中央军委主席习近平向国家勋章和国家荣誉称号获得者颁授勋章奖章并发表重要讲话。

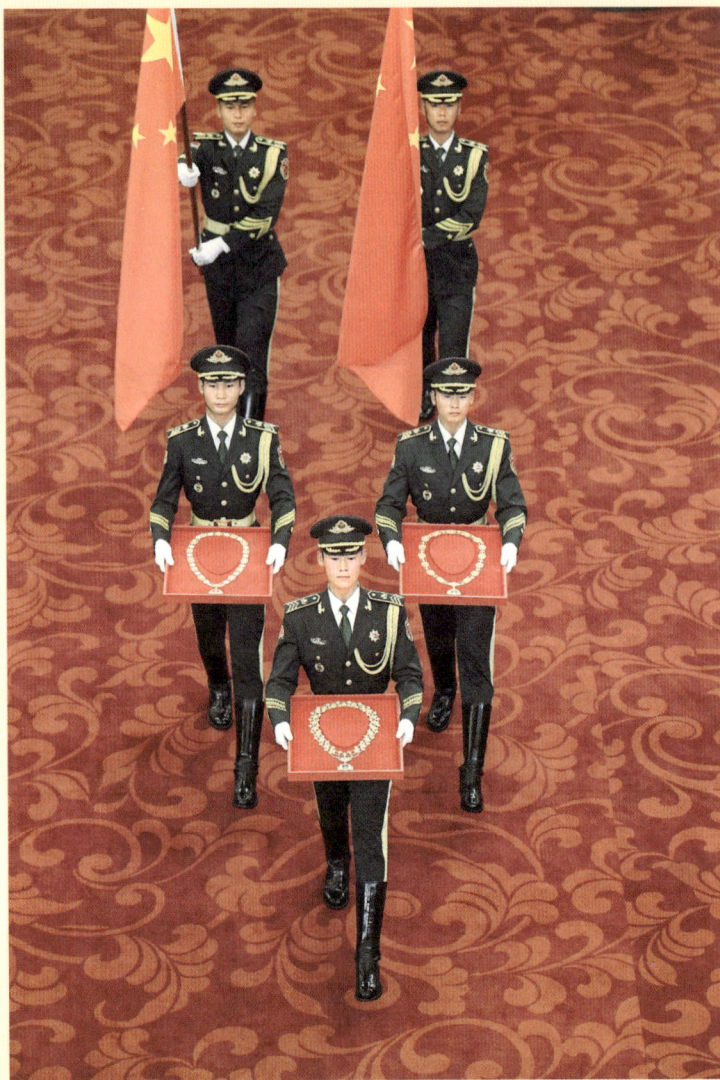

2019 年 9 月 29 日，中华人民共和国国家勋章和国家荣誉称号颁授仪式在北京人民大会堂金色大厅隆重举行。礼兵护送"共和国勋章""友谊勋章"和国家荣誉称号奖章入场。

中华人民共和国国家勋章和国家荣誉称号颁授仪式
PRESENTATION CEREMONY FOR NATIONAL MEDALS AND NATIONAL HONORARY TITLES OF THE PEOPLE'S REPUBLIC OF CHINA
2019年9月29日 中国·北京　　　29 SEPTEMBER 2019, BEIJING, CHINA

　　2019年9月29日，中华人民共和国国家勋章和国家荣誉称号颁授仪式在北京人民大会堂金色大厅隆重举行。习近平等党和国家领导人同国家勋章和国家荣誉称号获得者合影。

共和国勋章

友谊勋章

国家荣誉称号奖章

出版前言

2019 年 9 月 29 日，在全国上下共庆新中国成立 70 周年之际，国家勋章和国家荣誉称号颁授仪式在北京人民大会堂隆重举行，中共中央总书记、国家主席、中央军委主席习近平向国家勋章和国家荣誉称号获得者分别颁授"共和国勋章""友谊勋章"和国家荣誉称号奖章，并发表重要讲话。党和国家以最高规格褒奖英雄模范，致敬英雄模范为国家建设和发展建立的卓越功勋，致敬为促进中外交流合作作出杰出贡献的国际友人，这是庄严的宣示，是崇高的礼赞。

习近平总书记深刻指出，受表彰的国家勋章和国家荣誉称号获得者，是千千万万为党和人民事业作出贡献的杰出人士的代表；今天我们以最高规格褒奖英雄模范，就是要弘扬他们身上展现的忠诚、执着、朴实的鲜明品格。为推动全社会敬仰英雄、学习英雄，大力弘扬中华民族精神和社会主义核心价值观，在党和国家功勋荣誉表彰工作委员会办公室、中央宣传部新闻局指导支持下，我们选编了本书。

本书文字内容来自新华社、人民日报的有关采访报道，同时通过二维码链接了中央广播电视总台、新华社播发的相关视频内容，以图文和音视频融合的方式，立体呈现了英雄模范们的感人事迹和精神风采。在此，对以上中央媒体单位一并表示衷心感谢。

人民出版社

2019 年 12 月

目　录
Contents

中华人民共和国主席令

第三十四号

为了庆祝中华人民共和国成立 70 周年，隆重表彰为新中国建设和发展作出杰出贡献的功勋模范人物，弘扬民族精神和时代精神，根据第十三届全国人民代表大会常务委员会第十三次会议的决定，授予下列人士国家勋章、国家荣誉称号：

一、授予于敏、申纪兰（女）、孙家栋、李延年、张富清、袁隆平、黄旭华、屠呦呦（女）"共和国勋章"。

二、授予劳尔·卡斯特罗·鲁斯（古巴）、玛哈扎克里·诗琳通（女，泰国）、萨利姆·艾哈迈德·萨利姆（坦桑尼亚）、加林娜·维尼阿米诺夫娜·库利科娃（女，俄罗斯）、让－皮埃尔·拉法兰（法国）、伊莎白·柯鲁克（女，加拿大）"友谊勋章"。

三、授予叶培建、吴文俊、南仁东（满族）、顾方舟、程开甲"人民科学家"国家荣誉称号；

授予于漪（女）、卫兴华、高铭暄"人民教育家"国家荣誉称号；

授予王蒙、秦怡（女）、郭兰英（女）"人民艺术家"国家荣誉称号；

授予艾热提·马木提（维吾尔族）、申亮亮、麦贤得、张超"人民英雄"国家荣誉称号；

授予王文教、王有德（回族）、王启民、王继才、布茹玛汗·毛勒朵（女，柯尔克孜族）、朱彦夫、李保国、都贵玛（女，蒙古族）、高德荣（独龙族）"人民楷模"国家荣誉称号；

授予热地（藏族）"民族团结杰出贡献者"国家荣誉称号；

授予董建华"'一国两制'杰出贡献者"国家荣誉称号；

授予李道豫"外交工作杰出贡献者"国家荣誉称号；

授予樊锦诗（女）"文物保护杰出贡献者"国家荣誉称号。

中华人民共和国主席　习近平

2019 年 9 月 17 日

在国家勋章和国家荣誉称号
颁授仪式上的讲话

（2019 年 9 月 29 日）
习近平

同志们，朋友们：

今天，在全国各族人民共同庆祝中华人民共和国成立 70 周年之际，我们在这里隆重举行仪式，将国家最高荣誉授予为国家建设和发展建立了卓越功勋的杰出人士和为促进中外交流合作作出杰出贡献的国际友人。

首先，我代表党中央、全国人大、国务院和中央军委，向今天获得"共和国勋章"和国家荣誉称号的英雄模范、获得"友谊勋章"的国际友人，表示热烈的祝贺！致以崇高的敬意！

今天受表彰的国家勋章和国家荣誉称号获得者，是千千万万为党和人民事业作出贡献的杰出人士的代表。他们身上生动体现了中华民族精神和社会主义核心价值观，他们的事迹和贡献将永远写在共和国史册上！

崇尚英雄才会产生英雄，争做英雄才能英雄辈出。党和国家历来高度重视对英雄模范的表彰。今天我们以最高规格褒奖英雄模范，就是要弘扬他们身上展现的忠诚、执着、朴实的鲜明品格。

——忠诚，就是英雄模范们都对党和人民事业矢志不渝、百折不挠，坚守一心为民的理想信念，坚守为中国人民谋幸福、为中华民族谋复兴的初心使命，用一生的努力谱写了感天动地的英雄壮歌。

——执着，就是英雄模范们都在党和人民最需要的地方冲锋陷阵、顽强拼搏，几十年如一日埋头苦干，为国为民奉献的志向坚定不移，对事业的坚守无怨无悔，为民族复兴拼搏奋斗的赤子之心始终不改。

——朴实，就是英雄模范们都在平凡的工作岗位上忘我工作、无私奉献，不计个人得失，舍小家顾大家，具有功成不必在我、功成必定有我的崇高精神，其中很多同志都是做隐姓埋名人、干惊天动地事的典型，展现了一种伟大的无我境界。

英雄模范们用行动再次证明，伟大出自平凡，平凡造就伟大。只要有坚定的理想信念、不懈的奋斗精神，脚踏实地把每件平凡的事做好，一切平凡的人都可以获得不平凡的人生，一切平凡的工作都可以创造不平凡的成就。

希望受到表彰的同志珍惜荣誉、再接再厉，用坚定的信仰、信念、信心影响更多的人。各级党委和政府要关心、关怀、关爱英雄模范，推动全社会敬仰英雄、学习英雄，用实际行动为实现"两个一百年"奋斗目标、实现中华民族伟大复兴的中国梦贡献力量。

同志们、朋友们！

今天，受到表彰的还有长期给予我们支持和帮助的中国人民的老朋友、好朋友。我们衷心感谢他们对中国发展作出的贡献！中国人民愿同世界各国人民一道，推动构建人类命运共同体，让我们这个星球越来越美好。

同志们、朋友们！

一切伟大成就都是接续奋斗的结果，一切伟大事业都需要在继往开来中推进。新时代必将是大有可为的时代。全党全国各族人民要像英雄模范那样坚守、像英雄模范那样奋斗，共同谱写新时代人民共和国的壮丽凯歌！

谢谢大家！

国家勋章和国家荣誉称号颁授仪式专题视频

国家勋章

共 和 国 勋 章

于　敏

　　于敏，男，汉族，中共党员，1926 年 8 月生，2019 年 1 月去世，天津宁河人，中国工程物理研究院高级科学顾问、研究员，中国科学院院士。他是我国著名核物理学家，长期领导并参加核武器的理论研究和设计，填补了我国原子核理论的空白，为氢弹突破作出卓越贡献。荣获"两弹一星"功勋奖章、国家最高科学技术奖和"全国劳动模范""改革先锋"等称号。

于 敏

一个曾经绝密 28 年的名字

他 28 载隐姓埋名，填补了中国原子核理论的空白，为氢弹突破作出卓越贡献。

他荣获"两弹一星"功勋奖章、国家最高科学技术奖等崇高荣誉，盛名之下保持一颗初心："一个人的名字，早晚是要没有的，能把微薄的力量融进祖国的强盛之中，便足以自慰了。"

他是于敏，"共和国勋章"获得者。

在氢弹原理突破中起了关键作用

"国产专家一号"——人们这样亲切地称呼于敏。

没有留过洋，却也成为世界一流的理论物理学家；在原子核理论研究的巅峰时期，他毅然服从国家需要，开始从事氢弹理论的探索研究工作。

那是 20 世纪 60 年代。一切从头开始，装备实在简陋，除了一些桌椅外，只有几把算尺和一块黑板。一台每秒万次的计算机，需要解决各方涌来的问题，仅有 5％的时长可以留给氢弹设计。

科研大楼里一宿一宿灯火通明，人们为了琢磨一个问题，常常通宵达

1980 年，于敏在工作中。

旦。于敏的报告，与彭桓武、邓稼先等人的报告相互穿插，听讲的人常常把屋子挤得水泄不通。

"百日会战"令人难忘。100 多个日日夜夜，于敏先是埋头于堆积如山的计算机纸带，然后做密集的报告，率领大家发现了氢弹自持热核燃烧的关键，找到了突破氢弹的技术路径，形成了从原理、材料到构型完整的氢弹物理设计方案。

1967 年 6 月 17 日，罗布泊沙漠深处，蘑菇云腾空而起，一声巨响震惊世界。新华社对外庄严宣告：中国第一颗氢弹在西部地区上空爆炸成功！

从第一颗原子弹爆炸到第一颗氢弹试验成功，美国用了 7 年多，苏联用了 4 年，中国仅用了 2 年 8 个月。

《中国军事百科全书——核武器分册》记载：于敏在氢弹原理突破中起了关键作用。

用热血书写历史丰碑

有人尊称他为"氢弹之父"，于敏婉拒。他说，这是成千上万人的事业。

1926年，于敏生于天津一个小职员家庭，从小读书爱问为什么。进入北京大学理学院后，他的成绩名列榜首。导师张宗遂说：没见过物理像于敏这么好的。

新中国成立两年后，于敏在著名物理学家钱三强任所长的近代物理所开始了科研生涯。他与合作者提出了原子核相干结构模型，填补了中国原子核理论的空白。

于敏。

正当于敏在原子核理论研究中可能取得重大成果时，1961年，钱三强找他谈话，交给他氢弹理论探索的任务。

于敏毫不犹豫地表示服从分配，转行。从那时起，他开始了长达28年隐姓埋名的生涯，连妻子都说：没想到老于是搞这么高级的秘密工作的。

20世纪80年代以来，于敏率领团队又在二代核武器研制中突破关键技术，使中国核武器技术发展迈上了一个新台阶。

他与邓稼先、胡仁宇、胡思得等科学家多次商议起草报告，分析我国相关实验的发展状况以及与国外的差距，提出争取时机、加快步伐的战略建议。

在核试验这条道路上，美国进行了1000余次，而我国只进行了45次，不及美国的二十五分之一。

原子弹、氢弹、中子弹、核武器小型化……这是于敏和他的同事们用热血书写的一座座振奋民族精神的历史丰碑！

如一滴水，融入大海

名字解密后，于敏收获了应得的荣誉。

20年前，在国庆50周年群众游行的观礼台上，刚刚被授予"两弹一星"功勋奖章的于敏，看着空前壮大的科技方队通过广场感慨万分：

"这是历史赋予我们每个科学家义不容辞的使命。"

2015年1月9日，于敏荣获2014年度国家最高科学技术奖。他坐在轮椅上，华发稀疏，谦逊与纯粹溢于言表。

我国国防科技事业改革发展的重要推动者、改革先锋……极高的荣誉纷至沓来，于敏一如既往地低调。于家客厅高悬一幅字："淡泊以明志，宁静以致远"。

1999 年 9 月 18 日，中共中央、国务院、中央军委在北京人民大会堂隆重举行表彰为研制"两弹一星"作出突出贡献的科技专家大会。图为于敏在大会上发言。

一滴水，只有放进大海，才永远不会干涸。

2019 年 1 月 16 日，于敏溘然长逝，享年 93 岁。

愿将一生献宏谋！——他兑现了对祖国的诺言，以精诚书写了中国现代史上一段荡气回肠的传奇。

于敏：为祖国强盛奉献一生

申纪兰

申纪兰，女，汉族，中共党员，1929年12月生，2020年6月去世，山西平顺人，山西省平顺县西沟村党总支副书记，第一届至第十三届全国人大代表。她积极维护新中国妇女劳动权利，倡导并推动"男女同工同酬"写入宪法。改革开放以来，她勇于改革，大胆创新，为发展农业和农村集体经济，推动老区经济建设和老区人民脱贫攻坚作出巨大贡献。荣获"全国劳动模范""全国优秀共产党员""全国脱贫攻坚'奋进奖'""改革先锋"等称号。

申纪兰
"勿忘人民、勿忘劳动"

青青太行，劲松屹立。

山西省平顺县西沟村，自古就是要与河道抢耕地、与老天抢粮食的地方。沧海桑田。曾经撂荒的山坡上，如今或已披绿，或梯田成行。村民说，他们这里的人，比起信老天，更愿信劳动的力量。

这里曾有一位执拗的耄耋老者，年复一年，坚持着自己劳作。春天播种，下地秋收，冬天除雪，步履日渐蹒跚，但她干起活来仍充满力量。除了不时整理行装进京开会，几乎没什么能把她和普通农妇一眼区别开。

她是申纪兰，山西省平顺县西沟村党总支副书记，第一届至第十三届全国人大代表，"共和国勋章"获得者。

争取"男女同工同酬"的急先锋

申纪兰1929年出生于山西省平顺县山南底村。抗战时期，她就担任过村里纺花织布小组的组长。一嫁到西沟村，她就积极参加劳动。1951年西沟村成立初级农业合作社时，她成了副社长。这对奉行"好男人走到县，好

申纪兰带领群众脱贫致富，1986 年 9 月与县供销社联合办起一家罐头厂，投产后的第一个月就生产红果、梨罐头 5 万多瓶。图为申纪兰和工人一起检查罐头质量。

女子不出院"古训的山里人来说，已让人刮目相看。但在她心里，有一个坎始终过不去：为啥妇女的劳动报酬要少一半？

按照当时的分工计酬方式，如果男人干一天活计 10 个工分，那么妇女只能计 5 个。不平等的报酬又挫伤着妇女的劳动积极性，很多妇女只愿意干"家里活"，不愿出门参加社会劳动，而这又成为阻碍妇女地位提高的关键。

为了让妇女得到真正的解放，申纪兰走家串户，向妇女宣传"劳动才能获得解放"的道理，同时努力做男社员的思想工作，积极争取男女同工同酬。

开始，男社员很多不同意。申纪兰认为，只有干出成果，才能让妇女不再受歧视。

村里本来是男女共同协作劳动的。经申纪兰申请，社里专门给女社员划出一块地，和男社员进行劳动竞赛。男社员认为稳操胜券，该休息就休息；被发动起来的妇女为了争取自己的权益，始终在田间争分夺秒。最后，女社员赢得了竞赛。

这场劳动竞赛在西沟村产生了意想不到的效果，许多男社员都开始支持男女同工同酬。

不久，全国妇联、山西省妇联的同志也来到西沟村。一是考察，二是帮着申纪兰出谋划策。在妇联的支持下，申纪兰带领西沟村妇女提高劳动技能，还设立了农忙托儿所，使妇女能专注劳动。

到 1952 年，西沟村已经实现了"男女干一样的活，应记一样的工分"。

1954 年 9 月，在中华人民共和国第一届全国人民代表大会上，申纪兰提出的"男女同工同酬"倡议被写入了中华人民共和国第一部宪法。

一切为了人民

1983 年，西沟村全面推行家庭联产承包责任制，但其中也出现了许多新问题。1984 年，申纪兰从村民的根本利益出发，大胆进行改革。

她主张：成林和有林山坡地仍归集体管理；耕地仍然包产到户、自主经营，但实行三年一小调、五年一大调，添人增地、减人减地，确保土地不撂荒。最终，改革宜统则统、宜分则分，统分适度，实现优势互补。

2009 年 3 月 5 日，全国人大代表申纪兰在审议政府工作报告时发言。

1985 年，结合申纪兰外出考察的经验，利用当地的硅矿资源优势，西沟村建立起第一个村办企业铁合金厂，当年实现利润 150 万元。此后，西沟村又建立起磁钢厂、石料厂、饮料厂，村办企业成了西沟村的经济支柱。

但为了响应党中央保护环境的号召，不把污染留给子孙后代，2012 年，申纪兰和西沟村村民决定，拆除了不符合国家产业政策和环保要求的铁合金厂，重新寻找发展定位。几年间，西沟村的红色旅游基础设施——兴建，新产业基地拔地而起，引进的知名服饰公司开工生产。

作为唯一连任十三届的全国人大代表，申纪兰通过建议和议案将老区脱贫振兴带入了快车道。中西部开发、引黄入晋工程、太旧高速公路、山西老工业基地改造等促进了经济发展；平顺县提水工程、平顺县二级公路建设、平顺县集中供热、集中供气工程等改善了当地群众的生活。

"当人大代表，就要代表人民，代表人民说话，代表人民办事。"申纪兰是这样说的，也是这样做的。

本色不改　初心不渝

她的"学历"是扫盲班毕业，她一辈子坚持自己只是个农民。1973年至1983年担任山西省妇联主任期间，她坚决不领厅级领导干部的工资，不转干部身份。女儿去省城太原看她，辛苦坐了一路卡车，她也只在单位院外匆匆见了一面，就让孩子回去了。

她曾荣获"全国劳动模范""全国优秀共产党员""全国脱贫攻坚'奋进奖'""改革先锋"等称号。但她只把荣誉看作一种鞭策。她"勿忘人民、勿忘劳动"的话语，成了自己对人生的一种诠释。

2019年1月22日，在山西省平顺县西沟村，申纪兰和村民交流。

每有团体到西沟村参观学习，她总会在西沟村的会堂给大家介绍，半个多世纪里，在党的带领下，农村发生的翻天覆地变化。申纪兰说："我的话，就是一个农民对党的恩情由衷的感激。"

永远跟党走是申纪兰不变的初心。"共产党就是要全心全意为人民服务，要立党为公，两袖清风，一身正气。"申纪兰说，"按照党的要求干，就没有什么干不成的事情。"

2020年6月28日，申纪兰溘然长逝，享年91岁。她的一生，是全心全意为人民劳动、为人民服务的一生。

申纪兰：初心不变　奋斗不止

孙家栋

孙家栋，男，汉族，中共党员，1929年4月生，辽宁复县人，原航空航天工业部副部长、科技委主任，中国航天科技集团有限公司原高级技术顾问，中国科学院院士，第七、八、九、十二届全国政协委员。他是我国人造卫星技术和深空探测技术的开创者之一，担任月球探测一期工程总设计师，为我国突破卫星基本技术、卫星返回技术、地球静止轨道卫星发射和定点技术、导航卫星组网技术和深空探测基本技术作出卓越贡献。荣获"两弹一星"功勋奖章、国家最高科学技术奖、国家科学技术进步奖特等奖和"全国优秀共产党员""改革先锋"等称号。

孙家栋

一辈子与卫星打交道的航天"大总师"

> 他被称为中国航天的"大总师",从"东方红一号"到"嫦娥一号",从"风云气象卫星"到"北斗导航卫星",背后都有他主持负责的身影;翻开他的人生履历,就如同阅读一部新中国航天事业的发展史……
>
> 获得过"两弹一星"功勋奖章、国家最高科学技术奖和"全国优秀共产党员""改革先锋"等称号的他,在新中国成立70周年之际,又荣获"共和国勋章"。他,就是我国人造卫星技术和深空探测技术的开创者之一、中国航天科技集团有限公司原高级技术顾问孙家栋院士。

中国航天"大总师"

孙家栋,这个名字与中国航天事业的发展紧紧相依。

航天是一项非常复杂的系统工程,每项工程由卫星、火箭、发射场、测控通信、应用等数个系统构成,每个系统都有自己的总设计师或总指挥,孙家栋则被大家尊称为"大总师"。

年轻时的孙家栋在工作中。

回顾几十年的工作，孙家栋认为自己"仅仅是航天人中很平常的一个"。他经常说，是中国航天精神铸造了中国第一星，是中国航天事业发展成就了自己。

一次发射中，卫星在转运途中不慎发生了轻微碰撞，试验队员们一下子慌了神，谁也不敢保证这会不会对发射造成影响。

接到紧急报告后，孙家栋当天就从北京赶到了西昌，一下飞机就直奔卫星试验厂房。了解清楚现场情况后，当时已经快 80 岁的他马上钻到了卫星底下，对着卫星的受创部位仔细研究起来。

"卫星没事儿，能用！"孙家栋的一句话，让大家悬在半空的心踏实了下来。

"搞航天工程，没有好坏，只有成败。要保成功，就必须发扬严格、谨慎、细致、务实的作风。"孙家栋总是这样告诫年轻人。

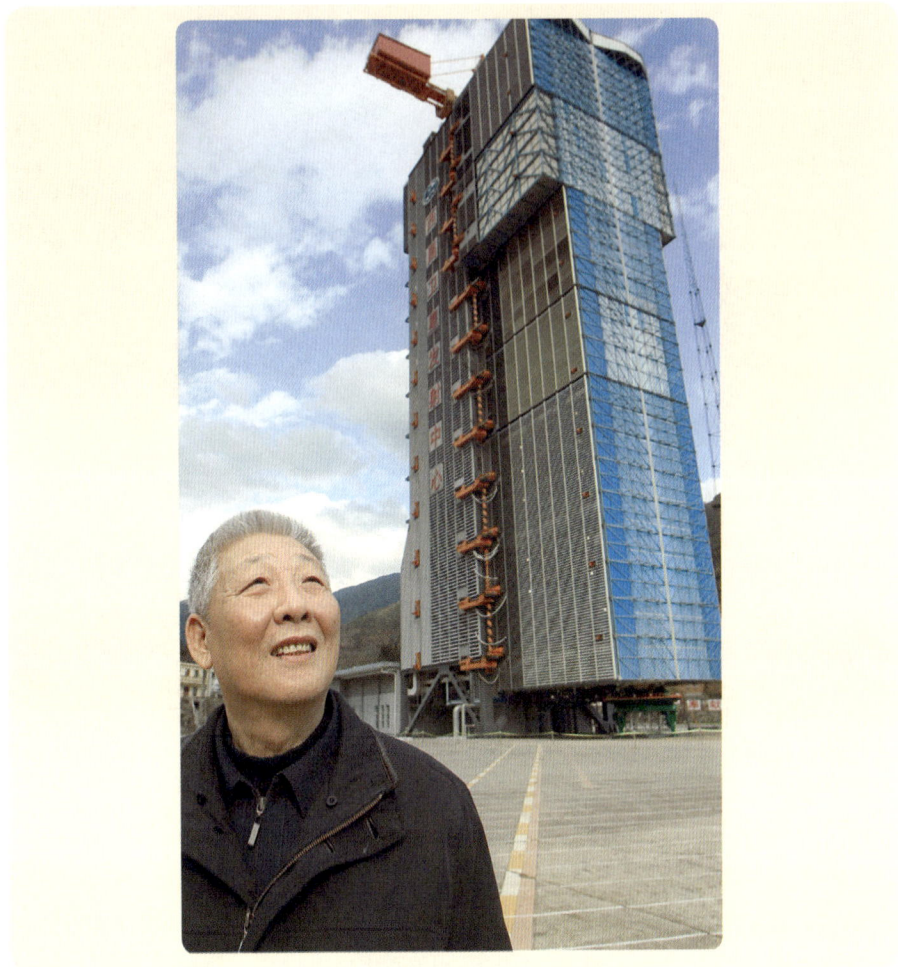

2010 年 12 月 15 日，孙家栋在西昌卫星发射中心。

90 岁的"牧星人"

4 月是中国航天的重要月份。既有中国航天日，又是孙家栋的生日。
如今已过 90 岁的孙家栋，与卫星打了一辈子交道。

曾经有人问孙家栋："航天精神里哪一条最重要？"

"热爱。"他不假思索，"如果你不热爱，就谈不上奋斗、奉献、严谨、协作、负责、创新……"

几十年来，正是凭着这个信念，尽管从事着充满风险的航天事业，但孙家栋从来没有被困难吓倒，反而愈挫愈勇。

20 世纪 70 年代，孙家栋带领团队研制我国第一颗返回式遥感卫星，发射时出现了意外。震惊过后，孙家栋带着大伙儿在天寒地冻中把大片的沙漠翻了一尺多深，拿筛子把炸碎的火箭卫星残骸筛出来，最终找到了失败的原因。一年后，一颗新的卫星腾空而起。

1984 年，中国第一颗试验通信卫星发射后，在向定点位置漂移过程中发生了意外。孙家栋果断地发出了打破常规的指令——他要求再调 5 度，最终正确的指令使卫星化险为夷。

2009 年，在孙家栋 80 岁生日时，钱学森专门致信祝贺。钱老在信中说："自第一颗人造地球卫星首战告捷起，到绕月探测工程的圆满成功，您几十年来为中国航天的发展作出了突出贡献。共和国不会忘记，人民不会忘记。"

擅长攻关复杂难题："国家需要，我就去做"

2019 年 1 月，嫦娥四号探测器成功实现人类首次月球背面软着陆，开启了全新的月球背面探索之旅，举国沸腾、世界瞩目。

时针拨回 15 年前，当国家启动嫦娥一号探月工程时，已经 75 岁的孙家栋毅然接下了首任探月工程总设计师的重担。

大多数人在这样的高龄都功成身退，他却冒着风险出任探月工程总设计师。对于别人的不理解，孙家栋只有一句话："国家需要，我就去做。"

在嫦娥一号顺利完成环绕月球的那一刻，航天飞行指挥控制中心里，大

孙家栋在工作中。

家全部从座位上站起来，欢呼雀跃、拥抱握手。而孙家栋却走到了一个僻静的角落，悄悄地背过身子，掏出手绢在偷偷擦眼泪。

"孙家栋无疑是一位战略科学家，总能确定合理的战略目标。"嫦娥一号卫星总设计师、中国航天科技集团五院深空探测和空间科学首席科学家叶培建院士说，在困难面前，他绝不低头；在责任面前，他又"俯首甘为孺子牛"。

孙家栋的一大长处，就是善于协调各种复杂的技术问题，找到最经济、最合理的解决办法。

"几十年的实践证明，核心技术是买不来的，航天尖端产品也是买不来的。我们必须依靠自己的力量发展航天技术。"孙家栋说。

近年来，孙家栋特别强调要坚持自主创新："在一穷二白的时候，我们没有专家可以依靠，没有技术可以借鉴，我们只能自力更生、自主创新。今天搞航天的年轻人更要有自主创新的理念，要掌握核心技术的话语权。"

"中国的发展依然任重道远，我们一定要跟着党中央，和大家一起共同努力，尽个人微薄之力，把我们国家的事业搞好，真正实现中国梦，富起来、强起来，完成好我们这一代人的历史使命。"孙家栋说。

孙家栋：航天报国就是我的初心

李延年

李延年，男，汉族，中共党员，1928年11月生，河北昌黎人，原54251部队副政治委员。1945年参加革命，先后参加解放战争、湘西剿匪、抗美援朝战争、对越自卫反击战等战役战斗20多次，是为建立新中国、保卫新中国作出重大贡献的战斗英雄。离休后，他初心不改、斗志不减、本色不变，积极弘扬革命优良传统，充分展现了一名老革命军人、老战斗英雄的光辉形象。荣立特等功一次，被志愿军总部授予"一级英雄"称号，荣获解放奖章和胜利功勋荣誉章。

李延年

荣誉属于所有烈士

解放战争中，他在冰天雪地的东北和国民党军拼过刺刀，在山势险峻的湘西和土匪"掰过手腕"。

抗美援朝战场上，他带领官兵夺回失守的346.6高地，顶住了敌人多次反扑，被志愿军总部授予"一级英雄"称号，荣立了特等功。

凯旋之后，他继续投身国防事业，20世纪70年代来到祖国南疆，从此扎根祖国边陲。

他是李延年，"共和国勋章"获得者，一位一生默默奉献，践行初心和使命的军队老党员。

金秋九月，绿城南宁，市区里一座两层小楼里，李延年正在为家中的仙人掌、三角梅浇水。他觉得一棵棵在恶劣环境中顽强生长的植物，像极了他们这些从革命战争年代走过来的人，有种压不垮的气势。

黑山阻击战堵住廖耀湘兵团

1945年10月，李延年参军前往东北。那时的中国，内战的乌云笼罩在中华大地。参军后不久，李延年就参与到解放东北的战斗中。

2019 年 9 月 19 日，李延年在广西南宁家中。

初到东北，李延年和战友们连一件像样的冬衣都没有。部队纪律非常严明，他们从不入户打扰群众，群众也非常拥护部队。

部队缺粮，群众主动把粮食送了过来。部队把群众送来的物资一一造册登记，打上欠条，并郑重承诺：解放后新政府一定如数奉还。

根植于人民的军队是不可战胜的。辽沈战役打响后，李延年所在纵队参加黑山阻击战，堵住廖耀湘兵团。

在阻击战最关键的时候，李延年和战友们连夜急行军 100 多里，双腿跑赢了敌人的汽车，赶在天亮之前到达预定地点修筑工事。在修筑工事期间，敌人以数倍兵力扑了上来，发起一轮轮强力冲击，一批批战友倒在了前沿阵地。他清晰地记得，在那场空前惨烈的战斗中，一个战友牺牲了，另一个就主动补上去，许多战友献出了宝贵的生命……

那次战斗，李延年和战友们坚守了 3 天，为友邻部队对敌人实施包围，争取了宝贵的时间。

辽沈战役结束后，李延年参加了平津战役，每战争先的他，连连立功受奖。1950 年 8 月，在湘西剿匪的李延年，被提拔为连队指导员。

被志愿军总部授予"一级英雄"称号

抗美援朝战争爆发后，李延年随志愿军入朝作战。这段岁月也是他一生中最难忘的。

1951 年 10 月，李延年担任志愿军某营 7 连指导员。他所在营奉命对失守的 346.6 高地实施反击。

"前两个营在敌人炮火猛烈攻袭下伤亡惨重，我们营接到命令执行强攻任务。"李延年回忆，自己所在营攻击时，发现敌人每隔 3 分钟左右就会打一轮炮，掌握这个规律后，李延年和战友利用这个间隙慢慢摸了上去。经过激烈的战斗，他们终于把高地夺了回来。

这时，连队的机关枪已打得无法连发，步话机也被打烂，后方指挥所无法知晓他们的情况。当时，李延年所在连只剩下 40 多个人，其他连队情况更差。全营弹药严重不足，部队就到敌前沿去收集敌人遗弃的武器和弹药。

两夜一天的战斗，敌人一轮又一轮地压向我军阵地。打完弹药的官兵，靠捡拾敌人留下来的武器，打退了一波又一波的敌军。一名战士在子弹打光后，拿着爆破筒，与冲上阵地的 20 多个敌人同归于尽。看到战友一个接着一个牺牲，李延年带领官兵坚守阵地，直到得到上级命令才撤出阵地。

1952 年 11 月，李延年被志愿军总部授予"一级英雄"称号、记特等功 1 次，并获朝鲜民主主义人民共和国自由独立二级勋章。

后来，李延年又参加了多次战斗。60 多年过去了，这段悲壮的历史成为李延年永不磨灭的回忆。多少曾经日夜相处的战友，生命永远定格在了 20 余岁的青春年华。

离休后坚持弘扬优良革命传统

离休之后的李延年生活低调，南宁市许多中小学邀请他为学生作红色教育讲座，他也从不提及自己的功劳。

"所有荣誉不是给我个人的，都是国家对所有烈士的褒奖，我们要永远铭记这些为新中国牺牲的英雄们。"为了做好革命精神的传承和教育，李延年把个人获得的各类证章大部分捐献给了博物馆、军史馆，并经常为青少年讲述战斗故事、传承战斗精神，积极宣传爱国主义思想，在青少年中弘扬优良革命传统。

在李延年家中，有一幅南宁市红星小学学生送给他的手工画，内容是操场上的两名小学生，向鲜红的国旗敬礼。每当有客人来家里的时候，李延年都会把这幅画拿出来给大家看。

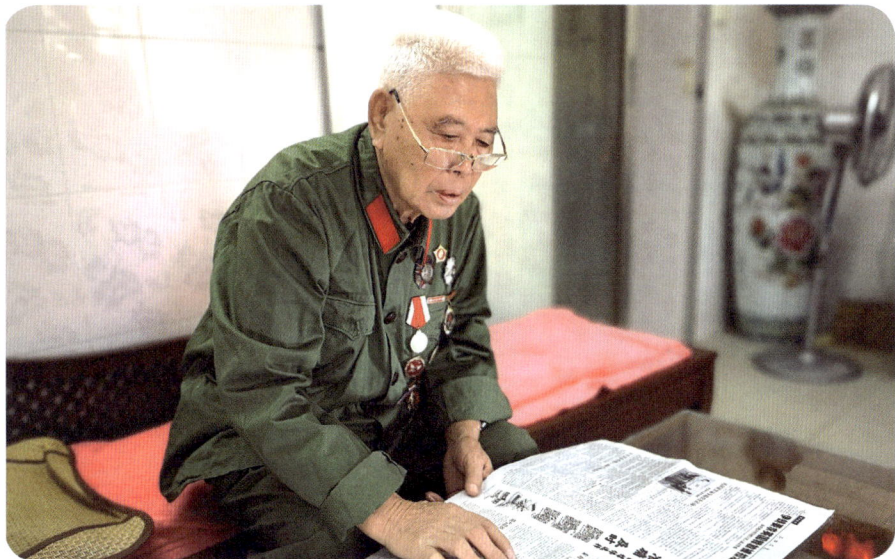

2019 年 7 月 14 日，李延年在家中看报纸。

"学生对于历史的认识很多时候停留在书本上，作为战争亲历者讲述历史，更具说服力和感染力。"广西军区南宁第三离职干部休养所政委肖兮说，只要有学校邀请李延年做讲座，他都会欣然前往。

为了讲好历史，李延年多年来坚持读书看报听广播，刻苦学习党的理论。他卧室的书桌上，摆满了各类政治学习书籍，书和笔记本上密密麻麻地记满了理论要点和心得体会。

近年来，李延年被广西军区先后评为"先进离休干部""优秀共产党员""践行当代革命军人核心价值观先进个人"，始终保持老党员、老军人、老英雄的革命本色，用实际行动践行共产党员的初心和使命。

2019年中秋节前夕。广西军区军史馆烈士墙前，李延年驻足凝视。轻抚着牺牲战友的名字，他缓缓举起右手，敬了一个标准的军礼。

李延年：胸怀爱国心　笃行报国志

张富清

张富清，男，汉族，中共党员，1924 年 12 月生，陕西洋县人，中国建设银行湖北省来凤支行原副行长。他在解放战争的枪林弹雨中冲锋在前、浴血疆场、视死如归，多次荣立战功。1955 年，他转业后主动要求到湖北最偏远的来凤县工作，为贫困山区奉献一生。60 多年来，他深藏功名，埋头工作，连儿女对他的赫赫战功都不知情。荣立特等功一次、一等功三次、二等功一次、"战斗英雄"称号两次。

张富清

紧跟党走，做党的好战士

1948 年 2 月，他在陕西宜川县瓦子街参加革命，开启了自己的英雄之旅。

壶梯山战斗、永丰城战斗中，他任突击组长，先后炸掉敌人三个碉堡，立下赫赫战功。

1955 年 1 月，他退役转业，告别军营，扎根湖北来凤县，锁住荣誉，尘封战功，为当地发展和群众过上好日子不懈奋斗。

1985 年 1 月，他站完最后一班岗，离休。人离休了，思想却不离休，他坚持学习，三十多年如一日。

无论何时、何地、何境，他都把组织的要求摆在第一位。作为一名有着 71 年党龄的老党员，他精神上追求卓越，物质上毫无所求。他，就是"共和国勋章"获得者张富清。

从革命战场到人生战场不改本色

1924 年 12 月，张富清出生于陕西汉中洋县马畅镇双庙村一个贫农家庭。兵荒马乱的年月，他在家种过地，给地主当过长工，没有上过一天学。1945

2019 年 3 月 31 日，张富清穿上老式军装敬军礼。

年下半年，家中唯一的壮劳力二哥被国民党抓壮丁，为了一家人维持生计，他用自己将二哥换了出来。

宜川战役中，国民党军整编第 90 师在瓦子街落入我军伏击圈被歼，作为该师杂役的张富清，选择参加革命，成为王震所领导的英雄部队——359 旅 718 团的一名"人民子弟兵"。

1948 年 7 月，壶梯山战斗打响。这是 1948 年 9 月我军转入战略决战前，西北野战军为牵制胡宗南部队而发起的澄合战役中的一场激烈的战斗。在这场战斗中，张富清荣立师一等功，被授予师"战斗英雄"称号。

1948 年 11 月，永丰城战斗打响。此时，我军已转入战略决战，西北野战军配合中原野战军、华东野战军作战。在永丰城战斗中，张富清带着2个炸药包、1支步枪、1支冲锋枪和16个手榴弹，攀上寨墙，炸掉了敌人两个碉堡，在身受重伤的情况下，独自坚守阵地到天明，数次打退敌人反扑。他因此荣立军一等功，被授予军甲等"战斗英雄"称号，并被西北野战军加授特等功。

一次特等功、三次一等功、一次二等功、两次"战斗英雄"称号，这就是张富清在战场上向党和人民交出的答卷。

1953年3月至1954年12月，张富清进入中国人民解放军防空部队文化速成中学学习。1955年1月退役转业时，张富清坚决服从组织安排赴湖北最偏远的来凤县工作。他带着爱人孙玉兰扎根来凤县，一口皮箱，锁住了他在战场上获得的全部荣誉。

2019年7月27日，张富清参观天安门广场。

每一个岗位都担当作为竭尽所能

到来凤县后，张富清先后任城关粮油所主任，三胡区副区长、区长，建行来凤支行副行长等职务。每一个岗位，他都脚踏实地，竭尽所能，担当奉献。

为了带头示范，他让爱人孙玉兰从自己分管的三胡区供销社下岗，让大儿子张建国到卯洞公社万亩林场当知青。

面对工作中的困难，他不躲不绕，想方设法，克服解决。刚开始进驻生产大队时，群众不买账、不认可。为了让群众接受自己，他住进最穷的社员家，白天与社员一起干重体力活儿，晚上开完会后，帮社员挑水扫地。

他想群众之所想，急群众之所急。进驻卯洞公社高洞管理区，群众反映出行难、吃水难后，他带着社员四处寻找水源，50多岁的年纪腰系长绳，下到天坑底部找水。他带着社员修路，与社员一起在绝壁上抢大锤打炮眼。

任三胡区副区长、区长期间，他推动水电站建设，让土苗山村进入"电力时代"。

1961年至1964年期间，张富清主导修建了三胡区老狮子桥水电站，供附近的两个生产队照明。这是三胡区历史上第一座水电站。"从一个区来讲，能够照上电灯是祖祖辈辈多少年来都没有的事，电灯更明亮，比照桐油灯好多少倍呀！"讲起这件事，张富清高兴地说。

从群众中来，到群众中去。心中无我，付此一生。这就是战斗英雄张富清，在工作岗位上向党和人民交出的答卷。

2019 年 3 月 31 日，张富清在家中学习。

深藏功名 60 余载连家人都不知情

1985 年 1 月，张富清站完最后一班岗，从建行来凤支行副行长岗位上离休。

离休后，张富清保持艰苦朴素的作风，住老房子、穿老衣服、用老家具、过老生活。

虽然离休了，但他未有一丝懈怠，时时处处严格要求自己。卧室的书桌上，摆着成堆的学习资料。书桌右侧的抽屉里，放着他的药——享受公费医疗政策的他，为了防止家人"违规"用自己的药，不惜锁住了抽屉。

2012 年，张富清因病左腿截肢。为了不影响子女"为党和人民工作"，88 岁的他装上假肢顽强站了起来。

60 多年里，张富清将赫赫战功深埋心底，从不提起，他的老伴儿和儿女都不知情。2018 年年底，国家开展退役军人信息登记，张富清隐藏半个多世纪的战功才得以发现。

讲起登记的初衷，张富清说："我起初不想把这些奖章和证书拿出来，但考虑到如果不拿出来，那就是对党不忠诚，是欺骗党的行为……"

战斗英雄的事迹披露后，诸多光环加身，他依然是老样子，一切都没有变，还是那个坚守初心，保持本色的张富清。

"我要在有生之年，坚决听党的话，党指到哪里，我就做到哪里，党叫我做啥，我就做啥。"张富清说。

张富清：深藏功名 甘当公仆守初心

袁隆平

袁隆平，男，汉族，无党派人士，1930年9月生，江西德安人，国家杂交水稻工程技术研究中心、湖南杂交水稻研究中心原主任，湖南省政协原副主席，中国工程院院士，第五届全国人大代表，第六、七、八、九、十、十一、十二届全国政协委员。他一生致力于杂交水稻技术的研究、应用与推广，发明"三系法"籼型杂交水稻，成功研究出"两系法"杂交水稻，创建了超级杂交稻技术体系，为我国粮食安全、农业科学发展和世界粮食供给作出杰出贡献。荣获国家最高科学技术奖、国家科学技术进步奖特等奖和"改革先锋"等称号。

袁隆平

把对祖国的热忱结成饱满的稻穗

确保中国人的饭碗要牢牢端在自己手中，这是 90 岁的"杂交水稻之父"袁隆平认为自己应该为国家担负的责任。他对杂交水稻和它背后维系的国家粮食安全怀有的赤诚初心，从过去到现在，始终未变。

获得过首届国家最高科学技术奖、"改革先锋"和未来科学大奖等荣誉的袁隆平，在新中国成立 70 周年之际，又获得"共和国勋章"。从第一期超级稻到第四期，以及每公顷 16 吨、17 吨和 18 吨攻关目标的实现，中国杂交水稻的科研工作水平始终领先于世界。袁隆平一直认为，自己热爱的中国，既是他永攀新高的动力，也是所有梦想的终极目标。

选择农业报国

"要想不受别人欺负，国家必须强大起来。"袁隆平从小就意识到了这一点，因此他始终将个人前途与国家利益紧紧相连。他有过体育救国的梦想，也曾打算参军报国，最终，他将自己对祖国的热忱，结成了一串串饱满的

2013 年 8 月 19 日，袁隆平在广西桂林市灌阳县黄关镇联德村袁隆平超级稻第四期攻关示范片查看水稻生长情况。

稻穗。

"我们国家人口多、耕地少，保障国家粮食安全，唯一的办法就是提高单产。因此高产对于我来说，是一个永恒的主题。"袁隆平说，新中国成立前，自己亲眼见到倒伏在路边的饿殍，这让他感到痛心。于是在 1949 年，他报考了西南农学院。

1956 年，为了响应国家"科学发展规划"，之前还在学校代教俄语的袁隆平，带着学生们开始了农学实验。几年时间，完全靠自己摸索经验的袁隆平发现水稻中有一些杂交组合有优势，并认定这是提高水稻产量的重要途径。培育杂交水稻的念头，第一次浮现在他的脑海。为此，他两次自掏腰包，前往北京拜访育种学家鲍文奎。

1966 年，袁隆平发表了论文《水稻的雄性不孕性》，这篇论文，拉开了中国杂交水稻研究的序幕。1970 年，在海南发现的一株花粉败育野生稻，让杂交水稻研究打开了突破口。袁隆平给这株宝贝取名为"野败"。1973 年，在第二次全国杂交水稻科研协作会上，袁隆平正式宣布籼型杂交水稻三系配套成功，水稻杂交优势利用研究取得了重大突破。

　　2013 年 10 月 17 日，袁隆平出席在湖南永州举行的"种三产四"丰产工程现场会。

回忆起那段攻坚克难的日子，袁隆平记忆里最深刻的细节之一，是背着足够吃好几个月的腊肉，倒转好几天的火车，前往云南、海南和广东等地辗转研究，只为寻找合适的日照条件。袁隆平说，这样的经历"就像候鸟追着太阳"。

为国家筑牢粮仓

1981 年，国务院将"国家技术发明特等奖"授予以袁隆平为代表的全国籼型杂交水稻科研协作组。"欧美、日本等都在开展相关研究，但只有我们应用到了大面积生产中。"时至今日，袁隆平还清楚记得当时在接受奖项时说的话，"杂交水稻还有很大潜力，我会不断攀登新的高峰。"

1986 年，袁隆平正式提出杂交水稻育种战略：由三系法向两系法，再到一系法，即在程序上朝着由繁到简但效率更高的方向发展。经过多年努力，两系法获得成功，它保证了我国在杂交水稻研究领域的世界领先地位。

1984 年，湖南省杂交水稻研究中心成立，大批优秀人才从基层单位进入中心，袁隆平还积极争取经费把他们送到国外深造。

"国家下拨的第一笔经费就高达 500 万元。"袁隆平回忆，中心因此迅速建起了温室和气候室，配置了 200 多台仪器。那个曾经简陋的海南南繁基地，被标注在了三亚地图上，从一个偏远小农场，变成具有国际重要影响的科研基地。

1996 年，农业部正式立项了超级稻育种计划。4 年后，第一期每亩 700 公斤目标于 2000 年实现。随后便是 2004 年 800 公斤、2011 年 900 公斤、2014 年 1000 公斤的"三连跳"。

2019 年 9 月 16 日，袁隆平在长沙出席湖南农业大学 2019 级本科新生开学典礼。

让老百姓吃得更好

"从党的十九大开始，是我们国家全面建成小康社会的决胜期，从我的角度来说，小康社会就是要从'吃饱'向'吃好'转变。"袁隆平说，国家强盛了，老百姓生活提高了，自己的研究当然不会止步不前。

目前，袁隆平领衔、已实施 10 多年的超级杂交稻"种三产四"丰产工程开始从过去强调产量，向兼顾绿色优质的目标转变。2018 年，"种三产四"丰产工程最显著的变化是：在 30 多个参与品种中，优质稻占比超过 30%，其中不少品种的米质已经达到国家二级标准，这些品种同时还具备广适性、高抗性和低成本等特点。

2017 年 9 月，袁隆平院士领衔、湖南省农科院研发的"低镉水稻技术体系"可以让饱受重金属污染之困的地区，水稻平均含镉量下降了 90% 以上。"这是一个巨大突破，而且这项技术运用起来简单易行，成本不高。"袁隆平说。2018 年，经过持续一年的多点生态试验，大面积培育"低镉稻"已有了技术条件，这为我国从根本上解决"镉大米"问题提供了现实可能。目前，他正在攻关的第三代杂交水稻，争取在未来几年时间内通过审定，进行大面积推广，并逐步替代三系杂交稻和两系杂交稻。

"我现在已经从'80 后'变成了'90 后'，我希望自己能活到 100 岁。"袁隆平说，"我对祖国的未来充满信心，我要为祖国的繁荣作出更多贡献。"

袁隆平：把功勋写在大地上

黄旭华

　　黄旭华，男，汉族，中共党员，1926 年 3 月生，广东揭阳人，中国船舶重工集团 719 所名誉所长、原所长，中国工程院院士。他隐姓埋名几十年，为我国核潜艇事业奉献了毕生精力，为核潜艇研制和跨越式发展作出卓越贡献。在某次深潜试验中，他置个人安危于不顾，作为总设计师亲自随产品深潜到极限。荣获国家科学技术进步奖特等奖和"全国先进工作者"等称号。

黄旭华

隐"功"埋名三十载，终生报国不言悔

花白的头发、和蔼的笑容、温和的言语……九十多岁的中国工程院院士黄旭华外表看起来朴实无华。

作为第一代攻击型核潜艇和战略导弹核潜艇总设计师，黄旭华仿佛将"惊涛骇浪"的功勋"深潜"在了人生的大海之中。

"深潜"报国三十年

"从一开始参与研制核潜艇，我就知道这将是一辈子的事业。"黄旭华说。

1926年，黄旭华出生在广东汕尾。上小学时，正值抗战时期，家乡饱受日本飞机的轰炸。海边少年就此立下报国之愿。

高中毕业后，黄旭华同时收到中央大学航空系和上海交通大学造船系录取通知。在海边长大的黄旭华选择了造船。

新中国成立初期，掌握核垄断地位的超级大国不断施加核威慑。

20世纪50年代后期，中央决定组织力量自主研制核潜艇。黄旭华有幸成为这一研制团队人员之一。

2016 年 12 月 20 日，黄旭华手捧潜艇模型。

　　执行任务前，黄旭华于 1957 年元旦回到阔别许久的老家。63 岁的母亲再三嘱咐道："工作稳定了，要常回家看看。"

　　但是，此后 30 年时间，他的家人都不知道他在做什么，父亲直到去世也未能再见他一面。

　　1986 年年底，两鬓斑白的黄旭华再次回到广东老家，见到 93 岁的老母。他眼含泪花说："人们常说忠孝不能双全，我说对国家的忠，就是对父母最大的孝。"

　　直到 1987 年，母亲收到他寄来的一本《文汇月刊》，看到报告文学《赫赫而无名的人生》里有"他的爱人李世英"等字眼，黄旭华的 9 个兄弟姊妹及家人才了解他的工作性质。

与对家人隐姓埋名相比，黄旭华的爱人李世英承担了更大压力。忙时，黄旭华一年中有 10 个月不在家。结婚 8 年后结束两地分居，李世英才知道丈夫是做什么的。

"他生活简单随性，出去理发都嫌麻烦。后来，我买了理发工具学会理发，给他剪了几十年。"李世英说。

攻坚克难铸重器

核潜艇，是集海底核电站、海底导弹发射场和海底城市于一体的尖端工程。

"当时，我们只搞过几年苏式仿制潜艇，核潜艇和潜艇有着根本区别，

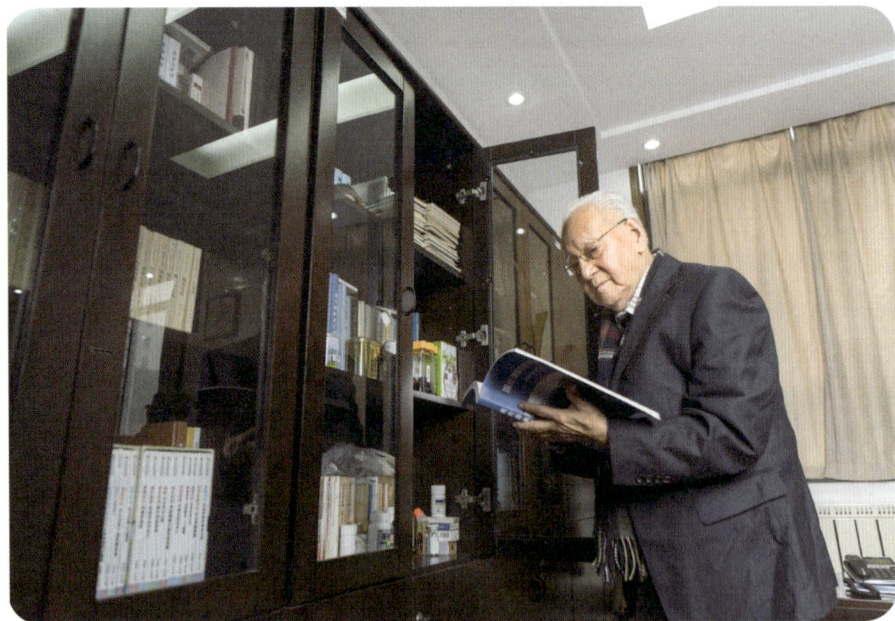

2017 年 12 月 15 日，黄旭华在办公室查阅资料。

核潜艇什么模样，大家都没见过，对内部结构更是一无所知。"黄旭华回忆说。

在开始探索核潜艇艇体线型方案时，黄旭华碰到的第一个难题就是艇型。最终他选择了最先进也是难度最大的水滴线型艇体。

美国为建造同类型核潜艇，先是建了一艘常规动力水滴型潜艇，后把核动力装到水滴型潜艇上。

黄旭华通过大量的水池拖曳和风洞试验，取得了丰富的试验数据，为论证艇体方案的可行性奠定了坚实基础。"计算数据，当时还没有手摇计算机，我们初期只能依靠算盘。每一组数字由两组人计算，答案相同才能通过。常常为了一个数据会日夜不停地计算。"黄旭华回忆说。

核潜艇技术复杂，配套系统和设备成千上万。为了在艇内合理布置数以万计的设备、仪表、附件，黄旭华不断调整、修改、完善，让艇内 100 多公里长的电缆、管道各就其位，为缩短建造工期打下了坚实基础。

用最"土"的办法来解决最尖端的技术问题，是黄旭华和他的团队克难攻坚的法宝。

除了用算盘计算数据，他们还采取用秤称重的方法：要求所有上艇设备都要过秤，安装中的边角余料也要一一过秤。几年的建造过程，天天如此，使核潜艇下水后的数值和设计值几乎吻合……

正是这种精神，激励黄旭华团队一步到位，将核动力和水滴艇体相结合，研制出我国水滴型核动力潜艇。

终生奉献不言悔

核潜艇战斗力的关键在于极限深潜。然而，极限深潜试验的风险性非常高。美国曾有一艘核潜艇在深潜试验中沉没，这场悲剧被写进了人类历史。

黄旭华（2019年9月22日摄）。

在核潜艇极限深潜试验中，黄旭华亲自上艇参与试验，成为当时世界上核潜艇总设计师亲自下水做深潜试验的第一人。

"所有的设备材料没有一个是进口的，都是我们自己造的。开展极限深潜试验，并没有绝对的安全保证。我总担心还有哪些疏忽的地方。为了稳定大家情绪，我决定和大家一起深潜。"黄旭华说。

核潜艇载着黄旭华和100多名参试人员，一米一米地下潜。

"在极限深度，一块扑克牌大小的钢板承受的压力是一吨多，100多米的艇体，任何一块钢板不合格、一条焊缝有问题、一个阀门封闭不足，都可能导致艇毁人亡。"巨大的海水压力压迫艇体发出"咔嗒"的声音，惊心动魄。

黄旭华镇定自若，了解数据后，指挥继续下潜，直至突破此前纪录。在此深度，核潜艇的耐压性和系统安全可靠，全艇设备运转正常。

新纪录诞生，全艇沸腾了！黄旭华抑制不住内心的欣喜和激动，即兴赋诗一首："花甲痴翁，志探龙宫。惊涛骇浪，乐在其中！"

正是凭着这样的奉献精神，黄旭华和团队于 1970 年研制出我国第一艘核潜艇，各项性能均超过美国 1954 年的第一艘核潜艇。建造周期之短，在世界核潜艇发展史上是罕见的。

1970 年 12 月 26 日，当凝结了成千上万研制人员心血的庞然大物顺利下水，黄旭华禁不住热泪长流。核潜艇一万年也要搞出来的伟大誓言，新中国用了不到一代人的时间就实现了……

几十年来，黄旭华言传身教，培养和选拔出了一批又一批技术人才。他常用"三面镜子"来勉励年轻人：一是放大镜——跟踪追寻有效线索；二是显微镜——看清内容和实质性；三是照妖镜——去伪存真，为我所用。

作为中船重工第七一九研究所名誉所长，直到今天，九十多岁的黄旭华仍然会准时出现在办公室，为年轻一代答疑解惑、助威鼓劲……

黄旭华：为国深潜　无怨无悔

屠呦呦

屠呦呦，女，汉族，中共党员，1930年12月生，浙江宁波人，中国中医科学院中药研究所青蒿素研究中心主任。她60多年致力于中医药研究实践，带领团队攻坚克难，研究发现了青蒿素，解决了抗疟治疗失效难题，为中医药科技创新和人类健康事业作出巨大贡献。荣获国家最高科学技术奖、诺贝尔生理学或医学奖和"全国优秀共产党员""全国先进工作者""改革先锋"等称号。

屠呦呦

与青蒿结缘　用中医药造福世界

疟疾，世界上最主要的高死亡率传染病。青蒿素的发现，为世界带来了一种全新的抗疟药。以青蒿素为基础的联合疗法已经成为疟疾的标准治疗方法，在过去的 20 多年间，青蒿素联合疗法在全球疟疾流行地区广泛使用。据世卫组织不完全统计，青蒿素在全世界已挽救了数百万人的生命，每年治疗患者数亿人。

"中医药人撸起袖子加油干，一定能把中医药这一祖先留给我们的宝贵财富继承好、发展好、利用好。"中国中医科学院终身研究员、国家最高科学技术奖获得者、诺贝尔生理学或医学奖获得者屠呦呦的声音铿锵有力。60 多年来，她从未停止中医药研究实践。

从 0 到 1 的突破："青蒿素是中医药献给世界的礼物"

2015 年 10 月 5 日，瑞典卡罗琳医学院宣布将诺贝尔生理学或医学奖授予屠呦呦以及另外两名科学家，以表彰他们在寄生虫疾病治疗研究方面取得的成就。

这是中国医学界迄今为止获得的最高奖项，也是中医药成果获得的最高

2015 年 12 月 10 日，在瑞典首都斯德哥尔摩音乐厅举行的诺贝尔奖颁奖仪式上，屠呦呦从瑞典国王卡尔十六世·古斯塔夫手中领取诺贝尔生理学或医学奖。

奖项。屠呦呦说："青蒿素是人类征服疟疾进程中的一小步，是中国传统医药献给世界的一份礼物。"

20 世纪 60 年代，在氯喹抗疟失效、人类饱受疟疾之害的情况下，在中医研究院中药研究所任研究实习员的屠呦呦于 1969 年接受了国家疟疾防治项目"523"办公室艰巨的抗疟研究任务。屠呦呦担任中药抗疟组组长，从此与中药抗疟结下了不解之缘。

由于当时的科研设备比较陈旧，科研水平也无法达到国际一流水平，不少人认为这个任务难以完成。只有屠呦呦坚定地说："没有行不行，只有肯不肯坚持。"

通过整理中医药典籍、走访名老中医，她汇集了 640 余种治疗疟疾的中药单秘验方。在青蒿提取物实验药效不稳定的情况下，出自东晋葛洪《肘后备急方》中对青蒿截疟的记载——"青蒿一握，以水二升渍，绞取汁，尽服之。"给了屠呦呦新的灵感。

通过改用低沸点溶剂的提取方法，富集了青蒿的抗疟组分，屠呦呦团队最终于 1972 年发现了青蒿素。据世卫组织不完全统计，在过去的 20 年里，青蒿素作为一线抗疟药物，在全世界已挽救数百万人生命，每年治疗患者数亿人。

淡泊名利　一心只为科研

每当谈起青蒿素的研究成果，屠呦呦总是会说："研究成功是当年团队集体攻关的结果。"而鲜为人知的是，起步时的屠呦呦团队只有屠呦呦和两名从事化学工作的科研人员，后来才逐步成为化学、药理、生药和制剂的多学科团队。

中国中医科学院首席研究员、青蒿素研究中心学术委员会主任姜廷良说："对青蒿素作用机理的研究，需要'大协作'思维。"在这样的思路下，屠呦呦的团队结构发生了变化。

目前，屠呦呦团队共 30 多人，这些研究人员并不局限于化学领域，而

屠呦呦在工作中。

拓展到药理、生物医药研究等多个学科，形成多学科协作的研究模式。屠呦呦介绍，未来青蒿素的抗疟机理将是她和科研团队的攻关重点。

"在对青蒿素抗疟机理研究方面，我们目前正在深入探讨'多靶点学说'，并已取得一定研究进展。"中国中医科学院研究员、青蒿素研究中心学术委员会副主任廖福龙说，"青蒿中除青蒿素以外的某些成分虽然没有抗疟作用，但却能促进青蒿素的抗疟效果。"

不仅如此，科研人员在对双氢青蒿素的深入研究中，发现了该物质针对红斑狼疮的独特效果。屠呦呦介绍，根据现有临床探索，青蒿素对盘状红斑狼疮和系统性红斑狼疮有明显疗效。

据中国中医科学院中药研究所透露，"双氢青蒿素治疗红斑狼疮"已获国家食品药品监督管理总局批复同意开展临床试验。这也是双氢青蒿素被批准为一类新药后，首次申请增加新适应症。

2015 年 10 月 6 日，屠呦呦在北京家中。

永不止步：未来青蒿素依然是抗疟首选药物

世界卫生组织发布的《2018 年世界疟疾报告》显示，全球疟疾防治进展陷入停滞。多项研究表明，在大湄公河次区域等地区，出现不同程度的对青蒿素联合疗法的抗药现象。

2019 年 4 月 25 日，第 12 个世界疟疾日，中国中医科学院青蒿素研究中心和中药研究所的科学家们在国际权威期刊《新英格兰医学杂志（NEJM）》提出了"青蒿素抗药性"的合理应对方案。

屠呦呦团队提出，面对"青蒿素抗药性"现象，延长用药时间，疟疾患者还是能够被治愈。除此之外，现有的"青蒿素抗药性"现象在不少情况下其实是青蒿素联合疗法中的辅助药物发生了抗药性。针对这种情况，更换联用疗法中的辅助药物，就会取得更好的效果。

屠呦呦说，青蒿素价格低廉，每个疗程仅需几美元，适用于疫区集中的非洲广大贫困地区人群。因此研发廉价青蒿素联合疗法对实现全球消灭疟疾的目标意义非凡。

"中国医药学是一个伟大宝库，青蒿素正是从这一宝库中发掘出来的。未来我们要把青蒿素研发做透，把论文变成药，让药治得了病，让青蒿素更好地造福人类。"屠呦呦说。

屠呦呦：一段青蒿情　一颗报国心

国家勋章

友 谊 勋 章

劳尔·卡斯特罗·鲁斯

　　劳尔·卡斯特罗·鲁斯，男，1931 年 6 月生，古巴籍，古巴共产党中央委员会第一书记。古巴革命领袖，长期担任古巴党和政府重要职务。对华友好，积极促成古巴在拉美地区率先同新中国建交，是中古关系的重要奠基人、中拉关系的积极倡导者和推动者。将对华关系确立为古巴外交的优先发展方向，并坚定致力于将古中友谊发扬光大，在重大问题上坚定支持中国，高度认同习近平总书记提出的构建人类命运共同体倡议，强调中国是维护国际和平稳定、促进共同发展繁荣的关键建设性力量，支持中国在国际和地区事务中发挥更大作用。

劳尔·卡斯特罗·鲁斯
"真诚祝福中国和中国人民"

"得知古巴共产党中央委员会第一书记劳尔·卡斯特罗被中国授予'友谊勋章',古巴人民感到非常高兴。能代表劳尔第一书记接受这枚勋章,我感到无限荣光。这不仅是劳尔·卡斯特罗的荣幸,更体现了中国人民对古巴人民的美好情谊。"古巴驻华大使米格尔·拉米雷斯深情说道,双方刚刚庆祝古中建交59周年,劳尔·卡斯特罗获颁"友谊勋章",中华人民共和国迎来70岁生日,真可谓"喜上加喜"。

古巴国务委员会主席兼部长会议主席迪亚斯—卡内尔专门在社交媒体上发文表示,中国为劳尔·卡斯特罗颁发这个勋章,是对他革命性一生的认可,也是表彰其为古中两国友好关系作出的卓越贡献。古巴当地媒体也对此纷纷报道,盛赞劳尔·卡斯特罗为加深古中两国深厚情谊作出的积极贡献。

劳尔·卡斯特罗一直是古中两国深化友谊、加强合作的促进者。20世纪50年代末,不少拉美国家与台湾当局保持所谓"外交关系"。1959年7月,劳尔·卡斯特罗会见中国新闻代表团时表示,希望中方派一名负责同志到古巴做双方联系工作,待条件成熟时在古巴建立中国大使馆。此后,古中建交正式提上议程。

1997年,中国改革开放近20年,中国经历的各种变化让劳尔·卡斯特

1997 年 11 月 20 日，劳尔·卡斯特罗在北京八达岭长城上与哥哥菲德尔·卡斯特罗通电话。

罗心驰神往。那一年，时任古巴国务委员会第一副主席兼部长会议第一副主席的劳尔·卡斯特罗首次访华，一待就是 18 天，希望深入了解中国的发展经验。他走访上海、广州和深圳等地，详细了解经济特区建设和国有企业改革等方面的举措。后来，劳尔·卡斯特罗将中国经验尝试推行到古巴部分企业试点改革中。

劳尔·卡斯特罗对中国的深厚感情由来已久。1953 年，劳尔·卡斯特罗出席世界青年联欢节，向中国朋友学唱歌曲《东方红》。"2008 年，劳尔·卡斯特罗陪同时任中国领导人在哈瓦那大学看望中国留学生时，用中文唱起了这首歌，令全场沸腾。他说这首歌是 50 多年前学的，尽管时光流逝，依然印刻在脑海中。"拉米雷斯回忆说。4 年后，劳尔·卡斯特罗访华时又唱起了这首歌。历史的歌声，传唱着中古两国永恒不变的友谊，随着时间的

2008年5月21日，在古巴首都哈瓦那的中国驻古巴大使馆，劳尔·卡斯特罗在吊唁簿上留言，吊唁中国四川汶川大地震遇难者。

推移历久弥香。

"正如习近平主席所说，中国和古巴是'好朋友、好同志、好兄弟'。两国关系的前景充满光明，一定会向着更高的水平迈进。"拉米雷斯说："相信中国将继续发展，取得更大的成绩。劳尔·卡斯特罗真诚祝福中国和中国人民，祝贺中华人民共和国成立70周年。"

劳尔·卡斯特罗：中古关系的重要奠基人

玛哈扎克里·诗琳通

玛哈扎克里·诗琳通，女，1955年4月生，泰国籍，泰王国扎克里王朝王室主要成员。深受泰国民众爱戴。对华十分友好并怀有深厚感情，中国文学、历史文化造诣深厚。已访华48次，足迹遍布大江南北，广泛、全面、深入了解中国，积极推广中国传统文化，传播中泰友好，为中泰关系发展作出了不可替代的杰出贡献。曾参加我国庆祝香港、澳门回归和北京奥运会等重大活动，在涉及中方重大利益问题上坚定支持中国。心系中国人民，在汶川、玉树地震等重大自然灾害发生后第一时间伸出援手。

玛哈扎克里·诗琳通
"就像和家人一样团聚"

2019 年 9 月 29 日上午，中国国家主席习近平向泰国公主诗琳通颁授"友谊勋章"。"十分感谢中国政府记得我这位老朋友，并给予我崇高的荣誉，我非常高兴和激动。这枚勋章饱含着中国和中国人民的友好情谊。"诗琳通说。

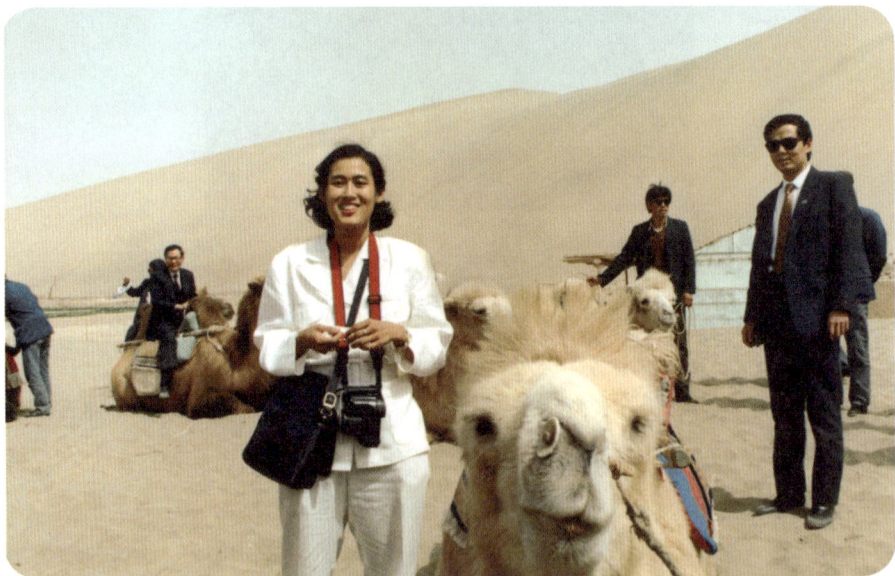

1990 年 4 月 16 日，玛哈扎克里·诗琳通在敦煌鸣沙山参观游览。

2019 年 9 月 29 日，玛哈扎克里·诗琳通在国家勋章和国家荣誉称号颁授仪式上发言。

诗琳通是中国人民的老朋友。1981 年，诗琳通首次访问中国。"第一次踏上中国时，我就感觉与中国人民有种特别的亲近感。后来多次访问中国，我接触到很多中国文化、历史、艺术等方面的知识，真切地感受到中华文明博大精深，多元文化各有特色。"为了更深入地了解中国文化，诗琳通一直坚持学习中文，并将一些中国文学作品翻译成泰文，帮助泰国读者了解中国的经济社会发展。诗琳通还将翻译的唐诗宋词集结成《琢玉诗词》等译诗集，创作出"中泰手足情，绵延千秋好"的诗句。38 年来，诗琳通像"走亲戚"一样频繁地访问中国，在文化、教育等领域推动着泰中友好合作。

颁授仪式上，诗琳通作为"友谊勋章"获得者代表发言。"70年前，中华人民共和国的成立是世界近代史上具有里程碑意义的一件盛事。如今，中国作为一个经济强国，一座象征改革发展、社会进步和现代化的光辉灯塔，正以自信的姿态屹立于世界之林。我们都认为，过去70年见证了中国社会经历翻天覆地变革的伟大历史，也见证了中国人民面对经济、社会等方面重重困难砥砺前行，最终战胜艰难险阻的伟大斗争。"诗琳通认为，改革开放让中国发生了历史性变化，取得了举世瞩目的成就。中国已成为泰国最重要的贸易伙伴，学习汉语、了解中国文化成为许多泰国民众的愿望。

"这次来北京领奖，我见到了不少中国老朋友，大家久别重逢，就像和家人一样团聚。"诗琳通此行，不仅获得了"友谊勋章"，也收获了满满的中国情谊。

诗琳通：祝愿新中国不断取得新的成功

萨利姆·艾哈迈德·萨利姆

　　萨利姆·艾哈迈德·萨利姆，男，1942年1月生，坦桑尼亚籍，坦桑尼亚前总理、前外长，坦中友协会长。非洲知名外交家，长期担任非洲统一组织（非盟前身）秘书长。对华怀有深厚友好感情，是中国人民的老朋友、好朋友，为巩固和促进中坦、中非友好合作、恢复我国在联合国合法席位作出杰出贡献，并与我国老一辈领导人结下深厚情谊。高度赞赏我国发展成就，始终主张中非应不断加强友好交流合作，支持中国在维护非洲和平与发展过程中发挥积极重要作用。曾多次访华并出席中非合作论坛有关活动。

萨利姆·艾哈迈德·萨利姆

"坦中友谊牢不可破"

"过去几十年来，世界局势风云激荡，挑战和机遇并存。我想告诉中国人民，有一样东西不会变，那就是坦中友谊牢不可破。""友谊勋章"获得者、坦桑尼亚前总理、坦中友协会长萨利姆·艾哈迈德·萨利姆的女儿玛亚

萨利姆。

2014 年 11 月 21 日，在坦桑尼亚达累斯萨拉姆，萨利姆在坦中友好协会换届选举后发表讲话。

姆·萨利姆转达了父亲对新中国成立 70 周年的深情寄语。

萨利姆在寄语中说，坦中友谊由老一辈领导人亲手打造，坦中双方始终坚信共同的发展理念可以实现社会经济的发展和繁荣，这是将两国紧紧联系在一起的纽带。萨利姆相信，坦中友谊将在推动这一发展的历程中发挥重要作用。

"得知获奖消息后，父亲非常高兴，认为这是一种崇高的荣誉。"玛亚姆·萨利姆说，父亲对中国充满了美好的感情和回忆。这一勋章既是对父亲的褒奖，更是坦中友谊、非中友谊的结晶。

萨利姆是中国人民的老朋友、好朋友，为巩固和促进中坦、中非友好合作，对恢复中国在联合国合法席位作出了杰出贡献，1971 年，第二十六届联合国大会通过决议恢复中华人民共和国在联合国合法席位。投票结果一宣布，时任坦桑尼亚驻联合国大使的萨利姆情不自禁地和大家在联合国大会上欢庆起来，这一幕被传为佳话。

萨利姆在担任坦桑尼亚外交部长、总理和非洲统一组织（非盟前身）秘书长期间，始终主张同中国不断加强合作关系。他曾表示，中国的强大符合非洲国家的利益。过去数十年里，中国为推动非洲经济发展和经济独立作出了巨大贡献。中国的繁荣和稳定是世界和平的重要力量。他期待未来加强非中合作可以继续助力非洲实现经济转型。

"父亲非常钦佩新中国成立 70 年来取得的非凡成就，中国的繁荣已经充分证明中国的发展道路是正确的。今后，中国也必然会在这条正确的道路上越走越好。"玛亚姆·萨利姆说。

萨利姆：坦中友谊是牢不可破的

加林娜·维尼阿米诺夫娜·库利科娃

加林娜·维尼阿米诺夫娜·库利科娃，女，1935 年 2 月生，俄罗斯籍，俄中友协第一副主席、俄罗斯科学院远东所高级研究员、著名汉学家。1957 年参与创建苏中友协，1960 年进入苏联对外友协工作。1989 年当选为苏中友协第一副主席并赴苏联（俄罗斯）驻华使馆工作，始终致力于发展同中国的友好关系，为推动中苏（俄）民间外交作出杰出贡献。现年 85 岁，仍坚持工作在中俄民间交往第一线。其根据亲身经历撰写的《俄罗斯和中国：民间外交》一书，用大量详实的图文资料真实记录了两国人民 70 年的友好交往历史。曾获"中国语言文化贡献奖"和全国对外友协"人民友好使者"称号。

加林娜·维尼阿米诺夫娜·库利科娃
"珍视历史的国家会有光明的未来"

　　"这份荣誉属于我个人，更属于和我并肩协作、为俄中友谊作出贡献的人们。这份荣誉也属于相信俄中两国能共同创造美好未来、致力于全面加强俄中关系的所有俄罗斯人。""友谊勋章"获得者、俄中友好协会第一副主席

　　2019年9月30日，库利科娃在参观完庆祝中华人民共和国成立70周年大型成就展后接受记者采访。

1983 年 10 月，库利科娃等观看中苏友好公社幼儿园的小朋友做积木游戏。

加林娜·库利科娃如是说。

从授奖仪式归来，库利科娃动情地说，让她印象最深的不是自己如何上台领奖，而是中国颁发国家勋章和国家荣誉称号。这是对那些在各领域为国家发展作出突出贡献的"中国英雄"们的尊重、关爱和致敬，"珍视历史的国家会有光明的未来！"

1949 年 10 月 1 日新中国成立，中国人民革命胜利的喜悦也传到了苏联，回荡在诗人的诗篇里、音乐家的歌曲里。当时年仅 14 岁的库利科娃对这个新生大国产生了浓厚兴趣，并明确告诉自己，"我将来要研究这个国家！"

怀揣着这个愿望，库利科娃考入莫斯科国际关系学院学习汉语。上大二时，北京市实验话剧团和广东民族乐团到苏联演出，库利科娃为演出团队担任翻译。几个月下来，库利科娃与年龄相仿的中国青年演员结下了深厚友谊。"那些年轻人活泼开朗，积极向上，每天都在努力工作和学习。当时我就坚信，中国是一个有着光明未来的国家。"库利科娃回忆道。

库利科娃毕生致力于推动俄中友好合作，始终奔走在俄中民间外交第一线。她曾为艺术大师梅兰芳担任翻译，曾在中国受到老一辈革命家的接见。这些故事都被库利科娃写进其著作《俄罗斯和中国：民间外交》。"我要记录下那些曾经一起共事的两国朋友，那些像天上星辰一样闪光的人们。"

作为一位资深汉学家，库利科娃对新中国 70 年来取得的巨大发展成就如数家珍。如今，85 岁高龄的库利科娃仍在为俄中友协的工作忙碌着。有人问她，要为俄中民间外交工作多长时间？库利科娃抚摸着勋章说："我要工作 100 年，才对得起这枚沉甸甸的勋章！"

库利科娃：获得"友谊勋章"是无上荣誉

让-皮埃尔·拉法兰

让-皮埃尔·拉法兰，男，1948 年 8 月生，法国籍，法国前总理、法国政府中国事务特别代表。长期活跃在国际舞台，拥有重要国际影响力，长期致力于促进中法友好和中法全方位合作，是中国人民的老朋友，在中国享有较高声誉。曾作为法国总理在"非典"期间坚持如期访华，给予中国人民极大政治和情感支持。大力推动"一带一路"合作，曾作为法国总统代表出席首届"一带一路"国际合作高峰论坛，积极为法国、欧洲各界客观认识、积极参与"一带一路"合作建言献策。发挥"中国通"优势，利用各种场合和平台宣介中国，增进中法友谊，与夫人合著《中国的启示》一书并在我国出版。积极推动世界和平与发展事业，为推动解决国际和地区问题奔走努力。

让-皮埃尔·拉法兰
"我见证了中国的巨变"

"当我得知这一消息，心情非常激动，几欲哽咽。""友谊勋章"获得者、法国前总理拉法兰动情不已。他表示，在一个人口如此众多、历史如此悠久的国家得到这一殊荣，格外令人感动。

2012年11月30日，拉法兰在法国巴黎参议院接受记者专访。

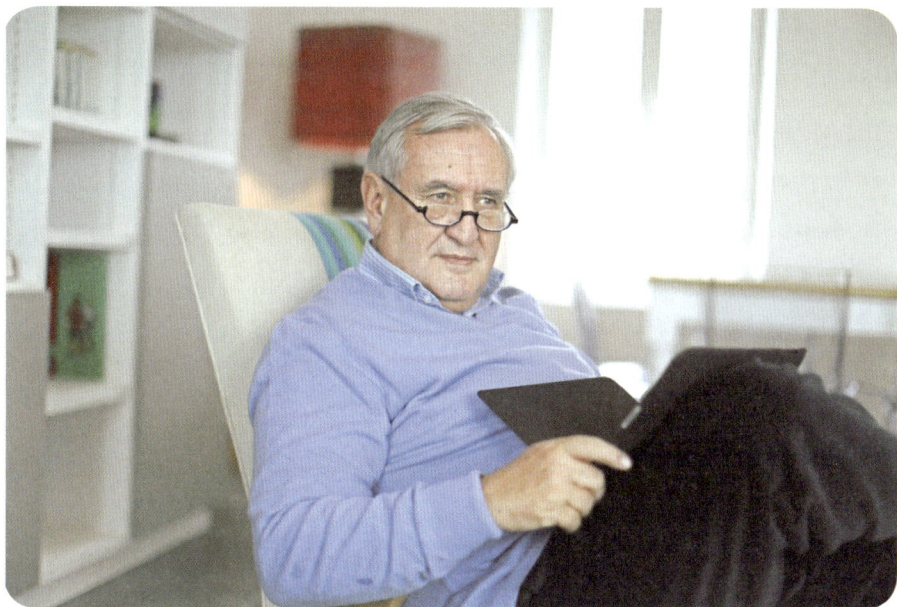

拉法兰。

作为中国人民的老朋友，拉法兰长期致力于促进法中友好和全方位合作。提起中国，他经常说的一句话是："一定要热爱中国！"担任法国总理时，拉法兰坚持在非典期间如期访华，给予了中国人民极大的政治和情感支持。尽管现已年过古稀，拉法兰依然为推动法中两国关系发展不断奔走。

"从 1970 年第一次到访中国算起，明年我将迎来自己与中国结缘的 50 周年。回想 50 年来，我见证了中国的巨变，心中唯有赞美和钦佩。中国的进步不可思议！"拉法兰回忆说，早先访问深圳时，那里还是一个小渔村。如今深圳不仅高楼大厦鳞次栉比，也成为中国创新科技的前沿阵地。"我目睹了中国的发展，人民的居住条件极大改善，生活越来越幸福。我还看到中国政府给予年轻人成长很多关怀和鼓励。我在中国到处都能感受到一种蓬勃向上的活力和干劲。"

新中国成立 70 周年，法中两国也携手走过 55 年，迈上了合作共赢的新台阶。"相互尊重、维护和平、共创未来",拉法兰用三个关键词形容他眼中的法中友谊。他表示,尊重和信任是多年来两国关系发展的支柱,和平是两国人民的共同愿望。

拉法兰对法中双方在创新领域的合作充满期待,并对年轻一代寄予厚望。"创新是应对未来发展挑战的关键。法中两国的年轻人充满活力和创造力,在世界各地都有他们创业拼搏的身影,希望两国的年轻一代加强合作,携手共同创造未来。"

拉法兰:我见证了中国近半个世纪的发展变迁

伊莎白·柯鲁克

伊莎白·柯鲁克，女，1915 年 12 月生，加拿大籍，北京外国语大学终身荣誉教授。1980 年国务院批准认定的第一批"外国老专家"。生于中国成都，经历了抗日战争、解放战争和新中国成立的历史时期。1947 年，为考察和报道中国解放区土改运动，与丈夫大卫·柯鲁克穿越重重封锁来到边区，完成了《十里店——中国一个村庄的革命》这部具有重要影响的著作。1948 年，应中国共产党邀请，留在南海山中央外事学校（北京外国语大学前身）任教。在北京外国语大学工作半世纪之久，在英语教学、教育改革等方面革故鼎新，是新中国英语教学的拓荒人，为新中国培养了大量外语人才，为中国教育事业和对外友好交流作出杰出贡献。

伊莎白·柯鲁克
"相信我深爱的中国越来越好"

伊莎白·柯鲁克教授的家位于北京外国语大学校园一座历史悠久的教工宿舍楼里。她从 1955 年起就一直居住在这里，其间几度拒绝了学校为其换新房的机会。伊莎白的家中陈设非常简朴，目之所及皆为各种书籍。

打开朋友赠送的一本庆祝新中国成立 70 周年的画册，伊莎白微笑着回忆起北平解放等历史时刻，"现在想起当年的骑兵方阵，依然印象深刻啊。"

伊莎白的父母是早年加拿大来华的传教士。她 1915 年在中国成都出生，后赴加拿大多伦多大学求学。毕业后再次返回中国，从事田野调查和人类学研究。在中国，她与英国共产党员大卫·柯鲁克相识相恋，并一起沿着红军长征之路前往大渡河泸定桥等地走访。

1947 年，为考察和报道中国解放区土地改革运动，柯鲁克夫妇二人穿越重重封锁来到解放区，在河北武安十里店村住下，展开社会调查，后来完成了《十里店——中国一个村庄的革命》这部具有重要影响的著作。

新中国成立前夕，柯鲁克夫妇应邀在南海山中央外事学校（北京外国语大学前身）任教。他们在英语教学、教育改革等方面革故鼎新，为新中国培养了大量外语人才。

2019 年 9 月 29 日，伊莎白获颁"友谊勋章"，以表彰她为中国教育事业和中外友好交流作出的杰出贡献。

伊莎白与丈夫在河北考察时留影。

"我非常激动，衷心感谢中国授予我这一宝贵荣誉。"伊莎白教授得知是《人民日报》采访，讲起当年的故事时双眼微微湿润，"当年在十里店，晋冀鲁豫《人民日报》与我们住得很近。我们认识了很多好朋友，那是一段非常愉快的时光。"

中国人民也一直没有忘记伊莎白。就在采访当天，伊莎白还应邀前往河北参观十里店旧居。两个儿子柯鲁、柯马凯告诉记者，老人家年事已高，近来已很少外出参加活动，但对于乡亲们的邀约总是盛情难却。

"我非常幸运，见证了这个伟大的时代"，她说，新中国成立前中国连年战争不断，正是中国共产党为中国带来了和平。"我见证了中国革命从艰难走向胜利的历史进程，见证了新中国成立 70 年来日新月异的发展变化，

2012 年 12 月 14 日，伊莎白拿着自己年轻时在中国拍摄的照片。

中国这些年的巨大成就令人惊叹。"

伊莎白是一位记录中国的学者，更是促进中西文化交流的友好使者。她出生在中国，扎根在中国，深爱着中国这片土地。作为中国人民的老朋友，在新中国成立 70 周年之际，她送上对中国的期盼，"相信我深爱的中国越来越好，祝福中国人民越来越幸福。"

伊莎白·柯鲁克：与新中国同行

国家荣誉称号

国 家 荣 誉 称 号 奖 章

叶培建

"人民科学家"

叶培建，男，汉族，中共党员，1945 年 1 月生，江苏泰兴人，中国空间技术研究院技术顾问、研究员，中国科学院院士。他是嫦娥一号总设计师兼总指挥，嫦娥三号探测器系统首席科学家，嫦娥二号、嫦娥四号、嫦娥五号试验器总指挥、总设计师顾问，在各号嫦娥方案的选择和确定、关键技术攻关、大型试验策划与验证、嫦娥四号首次实现月背软着陆等方面发挥了重要作用。荣获国家科学技术进步奖特等奖。

叶培建

走进星际探索的大航天时代

> 他是我国嫦娥系列月球探测器研制团队的"大专家",是无数年轻人心中的"主心骨"。从资源二号到嫦娥一号,从圆梦月球到逐梦火星,有他在,"发射不紧张、队员吃得香"。为中国航天事业尤其是空间事业兢兢业业奉献 50 余年,一生矢志"为人民服务、做人民的科学家"。他,就是此次被授予"人民科学家"国家荣誉称号的中国空间技术研究院技术顾问、中国科学院院士叶培建。

七旬探月"追梦人"

2019 年 1 月 3 日,中国人自主研制的嫦娥四号探测器稳稳降落在月球背面的冯·卡门撞击坑,中国代表全人类首次揭开了古老月背的神秘面纱。

在嫦娥四号成功落月的当天,一张照片在网上火了。

嫦娥四号成功落月的那一刻,74 岁的叶培建静静走到嫦娥四号探测器项目执行总监张熇的身后,对她表示祝贺和鼓励。

而作为与叶培建共事多年、亦师亦友的张熇,此刻再也无法掩饰住内心的激动,流下了幸福的泪水。两代"嫦娥人"的手紧紧握在了一起。

2019 年 1 月 3 日，嫦娥四号成功落月的那一刻，74 岁的叶培建（左一）静静走到嫦娥四号探测器项目执行总监张熇的身后，对她表示祝贺和鼓励。两代"嫦娥人"的手紧紧握在了一起。

"我们一起经历了那么多，以后要走的路还很长！"叶培建深有感触地说。

诚然，从嫦娥一号艰难立项，到嫦娥四号究竟去哪儿，叶培建的探月之路，走得并不容易。

嫦娥一号时，研制经费有限，叶培建和同事们一起，把一块钱掰成三块花，精打细算地铺就出中国第一颗月球探测器的"奔月"之路。

嫦娥四号时，鉴于嫦娥三号成功落月，有人认为我们应该见好就收，为了稳妥起见，还应该把探测器落在月球正面，叶培建则极力主张到月球背面去。

"无论是技术的进步还是人类探月事业的发展，都需要我们做一些'冒险的事情'，真正去开拓、去创新，开辟新的天地。"叶培建说。

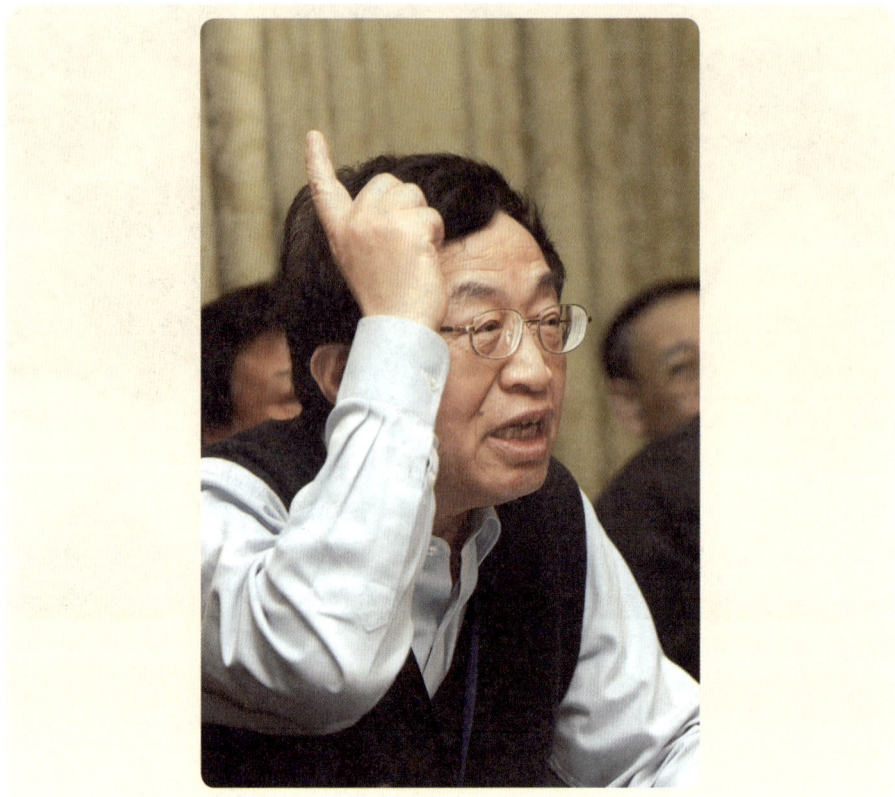

叶培建。

思想有多远，才能走多远。就这样，中国的"奔月之梦"在叶培建和同事们的不懈努力下，完成了举世瞩目的圆梦之旅，书写了人类探月史上崭新的一页。

用"航天梦"托举"中国梦"

伟大事业都始于梦想、基于创新、成于实干。

曾有人质疑，为何要花如此大的代价和精力去探索月球和火星以及更深远的宇宙？

对此，叶培建总是抱有自己的态度："人类在地球、太阳系都是很渺小的，不走出去，我们注定难以为继。月球是全人类的，但谁开发谁利用，我们今天不去，以后可能想去都难。"

过去，国家在一穷二白、比较落后的情况下，是几年一颗卫星。现如今一年几十颗卫星，让中国人有了更多仰望星空的能力。实践证明，只有创新才能让我们的国家发展得更快、更好。

"过去我总说'要做个可怕的人'，就是要让困难怕你。"叶培建认为，航天是一项"差一点点就成功、差一点点就失败"的事业，面对困难就要迎难而上、越挫越勇。当前，我们的国家面临更严峻的形势、更复杂的变化，我们要发展，就必须要靠创新，必须要技术上更强大。

中国探月工程的论证报告提出，到 2020 年前完成探月工程"绕、落、回"三步走计划。叶培建告诉记者，明年，我们计划中的嫦娥五号将完成采样返回。紧接着，对火星的探测也将拉开帷幕。

"火星探测是我国真正意义上的第一次行星探测，我们的第一次火星任务将会把三件事情一次做成：首先将探测器发射到火星，对火星进行全球观测；其次降落在火星；同时火星车要开出来，在火星上巡视勘测。这将是全世界首次在一次火星探测任务中完成上述三个目标，在工程实现上是很大的创新，中国现在就是要做别人没有做的事情。"叶培建说。

"一个伟大的中国，一个强大的社会主义国家，必然方方面面都要强，要用'航天梦'来托举'中国梦'。"叶培建说，未来，随着月球采样返回、火星探测、建设空间站等任务的完成，我们建设航天强国、科技强国的目标一定会实现。

继续做"人民的科学家"

"亲爱的叶培建爷爷：得知您被授予'人民科学家'国家荣誉称号，我们杭州市崇文实验学校的全体'小海燕'要向您致上少先队员最崇高的敬意：敬礼！祝贺您，叶爷爷！"

被授予"人民科学家"国家荣誉称号后，叶培建收到一封杭州小学生写给他的信。

在不少大学校园的讲台上，在很多小学校园的课堂里，人们总能见到这位年过七旬的叶院士。

"我的这份成绩是人民给的，我是人民的科学家，也必然发自内心地感谢人民。"叶培建总是告诫自己，永远做人民的一分子，继续努力为人民

叶培建。

服务。

"我只是千千万万个中国航天人的代表之一，只有把今后的事情做好，把队伍带好，才能够对得起这个称号，无愧于人民。"叶培建说。

叶培建：面向未来　探索星辰大海

吴文俊

"人民科学家"

　　吴文俊，男，汉族，中共党员，1919 年 5 月生，2017 年 5 月去世，上海市人，中国科学院数学与系统科学研究院研究员，中国科学院院士。第五、六、七、八届全国政协委员。他对数学的核心领域拓扑学作出重大贡献，开创了数学机械化新领域，对国际数学与人工智能研究影响深远。他用算法的观点对中国古算作了分析，同时提出用计算机自动证明几何定理的有效方法，在国际上被称为"吴方法"。荣获国家最高科学技术奖。

吴文俊

创"中国方法"，寻数学之"道"

将吴文俊称为中国数学界的"泰山北斗"也不为过。

1956 年，他就与华罗庚、钱学森一起获得首届国家自然科学奖一等奖。2001 年，他又和袁隆平一起站上首届国家最高科技奖的领奖台。

作为中国最具国际影响的数学家之一，他提出的"吴公式""吴方法"具有极强的独创性，成就泽被至今，甚至激发了人工智能领域的跨越。

2019 年 9 月 17 日，吴文俊被授予"人民科学家"国家荣誉称号。

开辟数学一方新天地

1234567……普通人看来再平凡不过的数字，在吴文俊眼中却如此美妙，值得用一辈子求索其中之"道"。

拓扑学被称为"现代数学的女王"。20 世纪 50 年代前后，吴文俊由繁化简、由难变易，提出"吴示性类""吴公式"等。他的工作承前启后，为拓扑学开辟了新天地，令国际数学界瞩目。

1955 年，吴文俊在中科院数学所作拓扑学的学术报告。

"对纤维丛示性类的研究作出了划时代的贡献。"数学大师陈省身这样称赞吴文俊。

吴文俊不满足于此，他又开启了新的学术生涯：研究数学机械化。20 世纪 70 年代后期，他提出用计算机证明几何定理的"吴方法"，开辟了近代数学史上的第一个由中国人原创的研究领域。

这一方法后来被用于解决曲面拼接、计算机视觉等多个高技术领域核心问题，在国际上引发了一场关于几何定理机器证明研究与应用的高潮。

1982 年，美国人工智能协会主席布莱索等知名科学家联名致信中国当时主管科技工作的领导人，赞扬吴文俊"独自使中国在该领域进入国际领先地位"。

2006 年，年近九旬的吴文俊凭借"对数学机械化这一新兴交叉学科的

吴文俊（2014 年 5 月 15 日摄）。

贡献"获得邵逸夫数学奖。评奖委员会这样评论他的获奖工作：展示了数学的广度，为未来的数学家们树立了新的榜样。

"应该出题目给人家做"

数学是自然科学的基础，也是重大技术创新发展的基础。今天的中国，越来越认识到数学这样的基础学科的重要性，也越来越重视原创的价值。

吴文俊是先行者。

20 世纪 70 年代,《数学学报》发表了一篇署名"顾今用"的文章,对中西方的数学发展进行深入比较,精辟独到地论述了中国古代数学的世界意义。

"顾今用"是吴文俊的笔名。正如这一笔名所预示的,吴文俊逐步开拓出一个"古为今用"的数学原创领域。

他曾对人回忆:我们往往花很大力气从事对某种猜测的研究,但对这个猜测证明也好,推进也罢,无非是做好了老师的题目,仍然跟在别人后面。

"不管谁提出来好的问题,我们都应想办法对其有所贡献,但是不能止步于此。我们应该出题目给人家做,这个性质是完全不一样的。"吴文俊说。

他的学生、中科院数学与系统科学研究院研究员高小山 1988 年曾赴美国得克萨斯大学奥斯汀分校,后者是美国人工智能研究的主要中心之一。高小山回忆,在与一众知名学者交谈时,他们经常挂在嘴边的话是:吴是真正有创新性的学者。还有人对高小山说:你来美国不是学习别人东西的,而是带着中国人的方法来的。

中科院院士、数学与系统科学研究院原院长郭雷曾撰文回忆,作为享有盛誉的数学家,吴文俊对中国数学的发展有独到见解,"他认为,中国数学最重要的是要开创属于我们自己的研究领域,创立自己的研究方法,提出自己的研究问题"。

一辈子就是在做学问

2017 年 5 月,吴文俊辞世。北京八宝山,千余人静静排着长队,为他送上最后一程。

在身边人的眼中，吴文俊虽年事已高却"永远不老"。中国科技馆原馆长王渝生回忆，吴文俊总是笑眯眯的，1980年首届全国数学史会议后，60多岁的他背一个背包，同大家一起去天池游览，一路讨论数学史问题，十分尽兴。

吴文俊的学生们回忆，先生在工作之余也有一些小爱好，比如爱看武侠小说，比如90岁高龄时还经常一个人逛逛书店、电影院，偶尔还自己坐车去中关村的知春路喝咖啡。

"永远不老"的背后，是徜徉在数学王国中的纯粹。

20世纪80年代，吴文俊的一位学生在中科院图书馆和国家图书馆借了大量数学专业书，发现几乎每一本书的借书卡后面，都留有吴文俊的名字。

许多人评价，吴文俊"一辈子就是在做学问，一心一意做学问"。他被

吴文俊。

公认有两个突出特点：一是非常勤奋，非常刻苦；二是非常放得开，为人豁达，不受私利困扰。

获得国家最高科技奖后，各种活动邀约不断，吴文俊公开说："我是数学家、科学家，不想当社会活动家。"

"做研究不要自以为聪明，总是想些怪招，要实事求是，踏踏实实。功夫不到，哪里会有什么灵感？"吴文俊生前接受采访表示。

他也曾说："我们是踩在许多老师、朋友和整个社会的肩膀上才上升了一段。应当怎么样回报老师、朋友和整个社会呢？我想，只有让人踩在我的肩膀上。"

吴文俊：创"中国方法" 寻数学之"道"

南仁东

"人民科学家"

　　南仁东，男，满族，群众，1945 年 2 月生，2017 年 9 月去世，吉林辽源人，中国科学院国家天文台原首席科学家兼总工程师。他潜心天文研究，坚持自主创新，1994 年提出 500 米口径球面射电望远镜（FAST）工程概念，主导利用贵州省喀斯特洼地作为望远镜台址，从论证立项到选址建设历时 22 年，主持攻克了一系列技术难题，为 FAST 重大科学工程的顺利落成发挥关键作用。荣获"改革先锋"称号。

南仁东

梦圆"天眼" 魂归宇宙

八字胡、戴眼镜、小个头、一身工服……南仁东的塑像，伫立在贵州大窝凼，凝望远方。

2017年9月，原"中国天眼"首席科学家兼总工程师南仁东因罹患肺癌去世。走前，他实现了奋斗一生的梦想——建一台世界最大最强的射电望远镜。

新中国成立70周年前夕，南仁东被授予"人民科学家"国家荣誉称号。

独立建造"中国天眼"

南仁东的名字与"中国天眼"紧紧连在一起。

1993年，包括中国在内的10个国家的天文学家，提出建造新一代射电"大望远镜"的倡议，渴望回溯原初宇宙，解答天文学难题。

当时，怀着回报民族的赤诚和描绘宇宙的初心，活跃在国际天文界的南仁东毅然回国，力主中国独立建造射电"大望远镜"。

1995年年底，南仁东等人提出利用贵州喀斯特洼地建造球反射面，即

2009 年 5 月，南仁东在办公室内。

"阿雷西博型天线阵"的喀斯特工程概念。

当中科院支持项目启动预研究之后，国外传来了评说该项目过时的声音。这期间，美国阿雷西博望远镜也不再对外开放。

南仁东坚信，一台比刚斩获诺贝尔奖的阿雷西博更强的望远镜，怎么会过时呢？

2007 年 7 月，国家发改委批复 500 米口径球面射电望远镜工程正式立项。

百折不回破难题

2010 年 8 月，工程开工前夕，南仁东得知前期做的所有索网实验都失败了。国内顶级的应用于斜拉桥上的钢索，在"天眼"的钢索抗疲劳试验中

2013 年 12 月 31 日，南仁东在贵州黔南州平塘县大窝凼施工现场。

都断丝了。他万分焦虑。

南仁东绞尽脑汁，叮嘱大家："我们没有退路，必须再做！"

经过近百次的失败，南仁东组织攻关，终于研制出强度为 500 兆帕、抗 200 万次拉伸的钢索，把材料工艺提高到国标的 2.5 倍。

"中国天眼"的自主创新，几乎样样离不开南仁东。

"我不是一个战略大师，我是一个战术型的老工人。"国家天文台研究员朱文白对南仁东这句话记忆犹新。

朱文白说，就是这样一个自信的科学家，可以放下身段成了"老工人"，遇到难题和大家一起想办法，在施工一线与工人交流探讨……

"中国天眼"工程涉及众多专业。"中国天眼"调试组结构组组长李辉表示，为国家服务的崇高目标，南老师的才华和人格魅力，把大家聚在了一起。

天上多了一颗"星"

有人说，天文学是贵族科学，南仁东不以为然。在"中国天眼"预研究阶段，他经常带着学生坐绿皮火车往返于北京和贵州，单程要几十个小时。

南仁东平时热爱绘画和建筑艺术。但魂牵梦萦的，是"中国天眼"。在贵州省平塘县天文小镇的南仁东先进事迹馆内，保存着他手绘的"天眼"馈源支撑塔图样和计算方程、英文说明。

2014 年 12 月 1 日，南仁东在贵州黔南州平塘县大窝凼施工现场与工程技术人员在一起。

"往古来今谓之宙，四方上下谓之宇。"几千年前，中国人最早提出了"宇宙"既是空间概念也是时间概念。

在南仁东看来，"中国天眼"既是中国的，也是世界的。在建设阶段，他的德国朋友帮助完成了工程仿真，澳大利亚朋友帮助完成了19波束接收机……他心中的目标，就是为下一代科学家建一台好用的望远镜。

天文学关于宇宙研究的每一点突破，都与科技进步和人类未来的共同命运密不可分。

南仁东相信，"中国天眼"有几率发现一些前所未见的天文现象，比如说一个脉冲星和一个黑洞结对，那么就可能产生突破性的理论。同时，他积极推进脉冲星自主导航研究，提出"中国天眼"脉冲星计时阵的应用目标。

人们永远忘不了，2016年9月25日，"中国天眼"落成启用的那一天，一直带病工作的南仁东重返贵州大窝凼，见证"天眼"的"开眼"，指导"天眼"的调试……

2017年9月15日，72岁的南仁东永远闭上了眼睛。2018年10月15日，中科院国家天文台宣布，将一颗国际永久编号的小行星正式命名为"南仁东星"。

南仁东：打造中国天眼　探索宇宙星辰

顾方舟

"人民科学家"

顾方舟，男，汉族，中共党员，1926 年 6 月生，2019 年 1 月去世，浙江宁波人，中国医学科学院北京协和医学院原院校长、研究员。他是我国脊髓灰质炎疫苗研发生产的拓荒者、科技攻关的先驱者。他研发的脊髓灰质炎疫苗"糖丸"护佑了几代中国人的生命健康，使中国进入无脊髓灰质炎时代。荣获全国科学大会成果奖和"全国消灭脊髓灰质炎工作先进个人"等称号。

顾方舟

护佑中国儿童远离小儿麻痹症

　　一粒小小的糖丸，承载的是很多人童年里的甜蜜记忆。但很多人不知道的是，这粒糖丸里包裹着的，是一位"糖丸爷爷"为抗击脊髓灰质炎而无私奉献的艰辛故事。

　　2000 年，"中国消灭脊髓灰质炎证实报告签字仪式"在原卫生部举行，已经 74 岁的顾方舟作为代表，签下了自己的名字。当顾方舟 1957 年开始脊髓灰质炎研究时，他未曾想到这件事将成为自己一生的事业。

　　在新中国成立 70 周年之际，这位病毒学家、中国医学科学院北京协和医学院原院校长被授予"人民科学家"国家荣誉称号。但更多人愿意称他为"糖丸爷爷"，因为他用一粒粒糖丸，护佑了几代中国人的健康成长。

疫病暴发之际，他与死神争分夺秒

时针拨回到 1955 年。

当时一种"怪病"在江苏南通暴发：全市 1680 人突然瘫痪，其中大多

顾方舟在办公室。

为儿童，并有 466 人死亡。这种病症是隐性传染，起初症状与感冒无异，一旦暴发，可能一夜之间，孩子的腿脚手臂无法动弹。炎症如果发作在延脑，孩子更可能有生命危险。

这种疾病就是脊髓灰质炎，俗称小儿麻痹症。病毒随后迅速蔓延到青岛、上海、济宁、南宁等地。由于生病的对象主要是 7 岁以下的孩子，一旦得病就无法治愈。一时间全国多地暴发疫情，引起社会恐慌。

据顾方舟夫人李以莞回忆，疾病暴发之初，有家长背着孩子跑来找顾方舟，希望他给孩子治病。顾方舟却只能说自己没有办法，治不了，谁也治不了……

这件事一直影响着顾方舟。我国当时每年有一两千万新生儿，他知道早一天研究出疫苗，就能早一天挽救更多孩子的未来。

当时，国际上存在"死""活"疫苗两种技术路线。中国医学科学院北京协和医学院院校长王辰说，当时的情况下，考虑个人的得失，选择死疫苗

顾方舟。

最稳妥，不会承担任何责任。

死疫苗是比较成熟的路线，但要打三针，每针几十块钱，过一段时间还要补打第四针。要让中国新生儿都能安全注射疫苗，还需要培养专业的队伍，以当时的国力并非易事。而活疫苗的成本是死疫苗的千分之一，但因为刚刚发明，药效如何、不良反应有多大，都是未知之数。

深思熟虑后，顾方舟认定，在中国消灭脊髓灰质炎，只能走活疫苗路线。一支脊灰活疫苗研究协作组随后成立，由顾方舟担任组长。

顾方舟深知，世界上的科学技术，说到底还得自力更生。为了进行自主疫苗研制，顾方舟团队在昆明建立医学生物学研究所，一群人扎根在距离市区几十公里外的昆明西山，与死神争分夺秒。

面对未知风险，他用自己的孩子试药

就这样，一个护佑中国千万儿童生命健康的疫苗实验室从昆明远郊的山洞起家了。

顾方舟自己带人挖洞、建房，实验所用的房屋、实验室拔地而起，一条山间小路通往消灭脊髓灰质炎的梦想彼岸。

顾方舟制订了两步研究计划：动物试验和临床试验。在动物试验通过后，进入了更为关键的临床试验阶段。按照顾方舟设计的方案，临床试验分为Ⅰ、Ⅱ、Ⅲ三期。

疫苗三期试验的第一期需要在少数人身上检验效果，这就意味着受试者要面临未知的风险。

顾方舟和同事们毫不犹豫地做出自己先试用疫苗的决定。顾方舟义无反顾地喝下了一小瓶疫苗溶液。吉凶未卜的一周过去后，他的生命体征平稳，没有出现任何异常。

但这一结果并未让他放松——成人大多对脊灰病毒有免疫力，必须证明这疫苗对小孩也安全才行。那么，找谁的孩子试验？谁又愿意把孩子给顾方舟做试验？

顾方舟毅然做出了一个惊人的决定：瞒着妻子，给刚满月的儿子喂下了疫苗！

这是一个艰难的决定。如果疫苗安全性存在问题，儿子面临的可能是致残的巨大风险。"我不让我的孩子喝，让人家的孩子喝，没有这个道理。"李以莞得知儿子服用了疫苗后，顾方舟这样对妻子说。

实验室一些研究人员做出了同样的选择：让自己的孩子参加了这次试验。经历了漫长而煎熬的一个月，孩子们生命体征正常，这一期临床试验顺利通过。

一生只为一件事，他成为孩子们口中的"糖丸爷爷"

1960 年年底，首批 500 万人份疫苗在全国 11 个城市推广开来。投放疫苗的城市，流行高峰纷纷削减。

面对逐渐好转的疫情，顾方舟没有大意，他意识到疫苗的储藏条件对疫苗在许多地区的覆盖来说难度不小，同时服用也是个问题。

经过反复探索实验，陪伴了几代中国人的糖丸疫苗诞生了：把疫苗做成糖丸，首先解决了孩子们不喜欢吃的问题。同时，糖丸剂型比液体的保存期更长，保存的难题也迎刃而解，糖丸疫苗随后逐渐走到了祖国的每个角落。

1990 年，全国消灭脊髓灰质炎规划开始实施，此后几年病例数逐年快速下降，自 1994 年发现最后一例患者后，至今未发现由本土野病毒引起的脊髓灰质炎病例。

顾方舟接受采访。

从无疫苗可用到消灭脊髓灰质炎，顾方舟一路艰辛跋涉。

当人们对他说，他护佑了数千万中国儿童的未来时，顾方舟并没有感到高兴。"如果我早一点研究出疫苗，就能治好更多人，还有许多孩子我没有救回来。"在一次采访时，面对镜头的顾方舟一度哽咽。

2019年1月2日，顾方舟在北京逝世，享年93岁。他走后，人们试图在儿时记忆里搜索脊灰糖丸的味道，纷纷留言"谢谢您，那是我吃过最好吃的糖丸""可能是小时候最甜的回忆"……

有人说，顾方舟是比院士还"院士"的科学家，而他却谦逊地说：我一生只做了一件事，就是做了一颗小小的糖丸。

顾方舟：保佑亿万儿童健康的"糖丸爷爷"

程开甲

"人民科学家"

程开甲，男，汉族，中共党员、九三学社社员，1918年8月生，2018年11月去世，江苏吴江人，原国防科工委科技委常任委员，中国科学院院士。他是我国核武器事业的开拓者、我国核试验科学技术体系的创建者之一。先后参与和主持首次原子弹、氢弹试验，以及"两弹"结合飞行试验等多次核试验，为建立中国特色核试验科学技术体系，锻造改革开放安全屏障，推进科技强国事业作出杰出贡献。荣获"八一勋章""两弹一星"功勋奖章、国家最高科学技术奖和"改革先锋"称号。

程开甲

中国"核司令" 人民科学家

假如不是生在乱世，程开甲的人生之路可能会绕开"科学"，也可能与"核"无缘。

1918 年，程开甲出生在江苏吴江的一个殷实家庭。年幼时，他调皮、叛逆、不爱学习。到了读书的年龄，他除了玩还是玩，根本不读书，着实让家人着急。

思想转折，出现在中学时期。13 岁那年，他成为浙江嘉兴秀州中学的一名学生。入学才几天，日本就悍然发动九一八事变。侵略者烧杀抢掠的行径深深刺痛了这位热血少年。那 6 年间，他开始阅读名人传记，被牛顿、马斯德、爱因斯坦等科学家追求真理的精神深深打动，渐渐萌发了长大了也当一名科学家的理想。

潜心核武器研究和核试验事业

1937 年，程开甲考上浙江大学。此时，战火已烧到了浙江，大学被迫内迁，师生们不得不开始流亡生活。颠沛流离中，他意识到，中国落后挨打的原因是科技落后。

从那时起，他立志"科学救国"。1946 年，这个吴江青年远渡重洋，求

程开甲在打字机上撰写论文。

学英国，师从著名物理学家波恩。

旧中国的孱弱，让身在异国他乡的他备受歧视。新中国的成立，让他看到了中华民族腾飞的希望。

1950年，程开甲婉拒导师挽留，毅然回到当时一穷二白的祖国，先后任教浙江大学、南京大学10年，其间撰写了我国第一部《固体物理学》。

1960年，他被一纸命令抽调至北京，从此"消失"在公众视野之外。

3年后，程开甲第一次来到罗布泊。自此，他在这片"死亡之海"潜心开始中国核武器研究和核试验事业。

每次核试验任务，程开甲都会到最艰苦、最危险的一线去检查指导技术工作，多次进入地下核试验爆后现场，爬进测试廊道、测试间，甚至最危险的爆心。

一次，程开甲来到一个施工现场，因为洞内存在高温、高放射性和坍塌等危险，工作人员极力劝阻。他却说："我只有到实地看了，心里才会踏实。"于是，他穿上简陋的防护服，顶着昏暗的灯光进入了洞内。

人称中国"核司令"

1964 年 10 月 16 日，东方一声巨响，罗布泊升起的蘑菇云震惊世界。

我国第一颗原子弹成功爆炸之后，程开甲还参与主持决策了包括氢弹、两弹结合以及地面、首次空投、首次地下平洞、首次竖井试验等多种试验方式的 30 多次核试验，被称为中国"核司令"。

程开甲在浙江大学百年校庆时作学术报告。

程开甲。

　　虽然在参加核武器研究的 20 多年时间里隐姓埋名，没发表过论文，在学术界销声匿迹。但程开甲经常说，他这辈子最大的幸福，就是自己所做的一切，都和祖国紧紧地联系在一起。

　　2018 年 11 月 17 日，101 岁的程开甲走完最后的人生路。

　　2019 年，新中国成立 70 周年之际，这位"两弹一星"元勋被授予"人民科学家"国家荣誉称号。

　　为祖国作出重大贡献的科学家，祖国和人民是不会忘记的。

程开甲：中国"核司令"忠诚奉献科技报国

于 漪

"人民教育家"

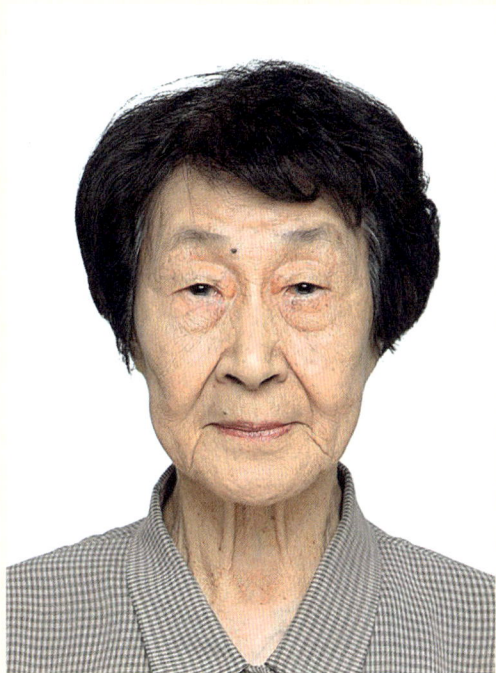

于漪，女，汉族，中共党员，1929 年 2 月生，江苏镇江人，上海市杨浦高级中学名誉校长，曾任全国语言学会理事、全国中学语文教学研究会副会长。她长期躬耕于中学语文教学事业，坚持教文育人，推动"人文性"写入全国《语文课程标准》。主张教育思想和教学实践同步创新，撰写数百万字教育著述，许多重要观点被教育部门采纳，为推动全国基础教育改革发展作出突出贡献。荣获"全国三八红旗手""全国先进工作者""改革先锋"等称号。

于 漪

为孩子们点亮心中明灯

于漪，这是一个在谈到新中国语文教育思想变革时不得不提的名字，也是无数中国教师心中的偶像。68年的从教生涯，于漪用"站上讲台就是生命在歌唱"的精神走出了自己的语文教学之路。"教文育人""德智融合"等主张在全国产生重大影响，被誉为"育人是一代师表，教改是一面旗帜"。

开设公开课近2000节、培养三代特级教师、著述数百万字……如今已91岁高龄的上海市杨浦高级中学名誉校长、"人民教育家"于漪，依然以奋斗姿态站在教育改革和教师培养最前沿，践行着"让生命与使命同行"的铮铮誓言。

语文教育是工具性与人文性的统一

在她教过的学生中，有人在毕业十几年、几十年后，还能整段背出她当时在课堂上讲过的话、写在黑板上的板书；在她带教过的老师里，有人为了"抢"到前排座位听她上课，竟不惜专门配副眼镜，冒充近视眼……

于漪的语文课，就是有这样的魔力。

2009 年 9 月 4 日，于漪同上海市杨浦高级中学的年轻教师们交流。

"流利动听，如诗一般，没有废话，入耳入心。"于漪的学生、原上海闸北区第二中心小学校长葛起裕说。

作为新中国培养的第一代语文教师，于漪带着人民教师的初心和改革创新精神不断探索语文教育的"秘密"。

1978 年年初，报告文学《哥德巴赫猜想》发表，兴奋的于漪找到学校数学老师，告诉对方"这是了不起的成就，我们唱个'双簧'，你给学生讲陈景润的科学贡献，我讲陈景润为科学献身的精神"。

这正是于漪"教文育人"思想的体现。在她看来，语文不仅是教孩子理解和运用语言文字，更是在建设他们的精神家园，塑造其灵魂。20 世纪 90 年代初，于漪撰文《改革弊端，弘扬人文》，提出"工具性与人文性的统一是语文学科的基本特点"，该观点写入后来的全国语文课程标准，深刻改变了语文教学的模式。

2015年9月9日，在上海市尊师重教纪念碑前，于漪与年轻教师们合影留念。

"每天早上走一刻钟的路，就在脑子里过电影，这堂课怎么讲，怎么开头，怎么铺展开来，怎样形成高潮，怎样结尾"——这是于漪对课堂教学的艺术追求；"怎样与学生共建一幢立意高远的精神大厦，启蒙学生独立思考、得体表达，成长为丰富有智慧的人"——这是于漪对语文教育的精神追求。

进入新世纪，于漪提出语文学科要"德智融合"，即充分挖掘学科内在的育人价值，将其与知识传授能力的培养相融合，真正将立德树人落实到学科主渠道、课堂主阵地，加强教师的育德能力，获得全国教育界高度认可。

教师要为学生点亮心中明灯

到了耄耋之年，于漪研究起了周杰伦和《还珠格格》。因为她发现，孩子们都被他们"圈粉"了，而自己喜欢的一些比较资深的歌手却很难引起学生共鸣。有学生直言："周杰伦的歌就是学不像，好就好在学不像。"

这让做了一辈子教师的于漪心头一震。"我们想的和学生想的距离有多大啊！"她认为，一名好老师，就要有能力走进学生的生活世界和心灵世界。"教育绝不能高高在上，一定要'目中有人'。"

走进学生的内心，是为了点亮一盏明灯。"教师的工作应该是'双重奏'，不仅自己的人生要奏响中国特色教育的交响曲，还要引领学生走一条正确健康的人生路。"

在新教师培训中，于漪多次引用英国小说《月亮与六便士》来阐明观点：首先心中要有月亮，也就是理想信念，去真正敬畏专业、尊重孩子，还要有学识，如此才能看透"六个便士"，看透物质的诱惑。"满地都是便士，作为教师，必须抬头看见月亮。"

走进学生的内心，还必须"一辈子学做教师"。"庸医杀人不用刀，教师教学出了错，就像庸医一样，是在误人子弟。"于漪告诉青年教师，最重要的是在实践中不断攀登，这种攀登不只是教育技巧，更是人生态度、情感世界。

从教生涯中，于漪总是想方设法让青年教师尽快成长。她首创教师与教师的师徒"带教"方法，组成教师培养三级网络——师傅带徒弟、教研组集体培养、组长负责制。在她的发掘和培育下，一批批青年教师脱颖而出，并形成了全国罕见的"特级教师"团队。

目前，作为首都师范大学、华东师范大学等师范院校的兼职教授，她又承担起国家级骨干教师培训的重任。

教师这个职业，寄托着于漪一生的追求与热爱。"我甘愿做一块铺路石，让中青年老师'踏'过去。"她说。

"一身正气"站在教改最前沿

于漪家里有一本她专用的挂历，挂历上几乎每一个日子都画上了圈，不少格子里还不止一个圈。她用"来不及"形容自己的工作，因为还有太多事

2019年3月30日，在"2018上海教育年度新闻人物"颁奖主题活动上，于漪获评"年度特别致敬人物"并登台领奖。

情值得她"较真"。

当教育功利化现象愈演愈烈，家长忙于带孩子参加各种各样的校外补习班，学校只盯着升学率的时候，她呼吁："教育不能只'育分'，更要教学生学会做人。要教在今天，想在明天。"

当看到小学生写下"祝你成为富婆""祝你成为百万富翁""祝你成为总裁"这些"毕业赠言"时，于漪感到忧心。"'学生为谁而学、教师为谁而教'这个问题很少人追问，教育工作者应该在学生的学习动机和动力方面多下点功夫。"

于漪还认为，中国教育必须有自己的话语权。她多次撰文说，任何国家的教育，特别是基础教育，必须传承本民族的优秀文化，弘扬民族精神，培养为本民族、本国建设服务的人才。眼光向内，不是排斥国外，而是立足于本国，以我为主。

从教近七十年，于漪从未离开讲台。她臂膀单薄而一身正气，始终挺着中国教师的脊梁。"当我把生命和国家命运、人民幸福联系在一起的时候，我就觉得我永远是有力量的，我仍然跟年轻人一样，仍然有壮志豪情！"于漪说。

于漪：站上讲台　用生命歌唱

卫兴华

"人民教育家"

卫兴华，男，汉族，中共党员，1925 年 10 月生，2019 年 12 月去世，山西五台人，中国人民大学经济学系原主任、教授，曾任国务院学位委员会经济学科评议组成员。他是我国著名经济学家和经济学教育家，长期从事《资本论》研究，为马克思主义政治经济学中国化作出重要贡献，主编的《政治经济学原理》教材是全国影响力和发行量最大的教材之一。他提出的商品经济论、生产力多要素论等，在经济学界影响广泛。荣获孙冶方经济科学奖第一、二届论文奖。

卫兴华
立学为民、治学报国

> "不唯上、不唯书、不唯风、不唯众"，不做"风派理论家"——这就是中国人民大学荣誉一级教授、博士生导师、中国著名马克思主义经济学家卫兴华。
>
> 卫兴华从事马克思主义经济学和社会主义经济理论的教学和研究工作60余年，为马克思主义经济学中国化作出重要贡献。

提出诸多前瞻性经济学理论观点

1925年，卫兴华出生在山西省五台县的一个农民家庭。小学时，老师给他取名"卫显贵"，希望他将来荣华富贵。从小目睹日军暴行的他，在读中学补习班时，把名字改为"卫兴华"，立志抗击日寇、振兴中华。

1946年，卫兴华参加了党的地下工作，1947年在解放区正式入党。后被捕入狱。他在狱中严守党的秘密，出狱后转到北平继续从事地下工作。此后，卫兴华先后在华北大学和中国人民大学学习，1952年中国人民大学政治经济学教研室研究生毕业后留校任教。

从事党的地下革命工作时的卫兴华（中）。

在长期的理论研究工作中，卫兴华提出了诸多前瞻性的理论观点：较早提出社会主义商品经济理论，较早系统研究和论述了社会主义经济运行机制理论，较先提出非公有制经济是社会主义市场经济的组成部分……

卫兴华始终认为，自己的研究工作要与国家的需要结合起来。

他运用马克思主义经济理论分析现实经济生活中的问题。20世纪50年代，他运用马克思主义的地租理论，分析初级农业合作社的地租形态和土地报酬问题；运用马克思主义的价值规律理论，分析我国的价格体系、按质论价等问题。改革开放后，他转向对社会主义经济理论与实践问题的研究，并系统研究中国特色社会主义政治经济学问题。

中国人民大学副校长、经济学院教授刘元春说，卫兴华老师的著述并非只停留在对马克思主义经典著作的解读上，更重要的是紧扣时代脉搏，运用马克思主义政治经济学的基本原理研究现实问题，推进马克思主义政治经济学的中国化、时代化。

让马克思主义经济学的精髓传承下去

60 余年来，卫兴华笔耕不辍，发表《中国特色社会主义经济理论体系研究》等文章 1000 多篇，出版《走进马克思经济学殿堂》等著作 40 多部，成为中国最多产的经济学家之一。他主编的《政治经济学原理》教材是全国影响力和发行量最大的教材之一。

这位马克思主义经济学中国化的奠基人之一，于 2013 年获得世界马克思经济学奖。

如何让马克思主义经济学的精髓传承下去，是卫兴华做学问的一项重要使命。

卫兴华在会议上发言。

卫兴华。

奋斗在教学一线

在多年教学中，卫兴华坚持教书和育人相结合。他认为，对马克思主义经济学的教学和阐释，要结合国内外的经济社会实际，让学生们真正认识到马克思主义经济学的科学性，且具备与时俱进的品格。

2015年年底，卫兴华获吴玉章终身成就奖，他把100万元奖金无偿捐赠，用于支持马克思主义政治经济学的教学研究、人才培养及优秀成果奖励。

中央财经大学教师何召鹏是卫兴华的学生。他告诉记者，跟随卫老读博士期间，卫老已接近90岁高龄，依然坚持每隔一到两周上一次专题讨论课，一讲就是两三个小时。"即使卧病在床，他也坚持工作。他把我叫到床边探讨学问、写论文，让我拿着笔和纸，他来说，我来记。"

在卫兴华二儿子卫宏的记忆中，父亲除了上课就在自己的书房待着。"学生登门和他探讨问题时，他最随和。"

卫兴华曾说："当时参与地下革命的很多同志都牺牲了。我活了下来，就要用全部的精力去做一个学者应该做的事，为祖国建设奉献力量。"

刘元春表示，立学为民、治学报国的精神在卫兴华身上体现得淋漓尽致。"卫老与时俱进的创新品格，持之以恒、脚踏实地、日复一日的奋进精神，值得新一代学者传承。"

"为学当如金字塔，要能博大要能高。"卫兴华这样冀望年轻学人。

2019 年 12 月 6 日，卫兴华溘然长逝，享年 95 岁。他的一生，是为马克思主义经济学教育与科研事业不懈奋斗的一生。

卫兴华：怀安邦兴国之志　治经世济民之学

高铭暄

"人民教育家"

　　高铭暄，男，汉族，中共党员，1928 年 5 月生，浙江玉环人，中国人民大学法学院教授，中国刑法学研究会名誉会长。他是当代著名法学家和法学教育家，新中国刑法学的主要奠基者和开拓者。作为唯一全程参与新中国第一部刑法制定的学者、新中国第一位刑法学博导、改革开放后第一部法学学术专著的撰写者和第一部统编刑法学教科书的主编者，为我国刑法学的人才培养与科学研究作出重大贡献。

高铭暄

情系刑法的"人民教育家"

> 新中国成立70周年前夕，在人民大会堂，91岁的高铭暄被授予"人民教育家"国家荣誉称号。
>
> 面对这至高荣誉，这位著名法学家和法学教育家说："这是党和国家给我的恩典，我感到幸福和光荣。这要归功于我们伟大的祖国、伟大的党和一直帮助支持我的中国人民大学及师生。"

全程参与新中国第一部刑法的制定

作为新中国刑法学的主要奠基者和开拓者，中国人民大学法学院教授高铭暄全程参与了新中国第一部刑法的制定，为中国刑法学的人才培养与科学研究作出重大贡献。

1954年对于26岁的高铭暄来说是不平凡的一年。当年9月，我国第一部宪法诞生，刑法的起草工作随之被提上日程。刚刚在人大法律系留校任教不久的高铭暄被抽调至刑法起草小组，和其他20多人一起开始我国第一部刑法的起草工作。

从1954年到1979年，历经25年、38稿，在历史跌宕中，高铭暄全程参与并见证了我国第一部刑法典的诞生：刑法起草小组从国内外广泛收集资

高铭暄。

料，仅新中国成立以来的刑事审判材料就有 1 万多份，苏联、保加利亚、阿尔巴尼亚、美国、德国、法国、日本等多国的刑法典被一一翻译，连《唐律》《清律》都摆上了案头。"一方面借鉴，一方面还要自己总结经验，作为刑法起草的参考。"高铭暄回忆说。

1979 年 7 月 1 日，刑法草案在人民大会堂表决通过，掌声雷动。回想起当时的场景，高铭暄激动地说："我们的劳动没有白费，中国终于拥有了自己的刑法典，刑事诉讼终于有法可依了！"

我国刑法学专业首位博士生导师

此后数十年间，无论是《中华人民共和国刑法（修订）》出台，还是对刑法修正案的反复讨论，高铭暄都参与其中，付出心血。他还多年在中国法学会、中国刑法学研究会、国际刑法学协会等担任重要职务，从事大量与法律相关的社会工作。

作为"刑法学泰斗"，高铭暄最珍视的还是那三尺讲台。他总说："我就是一名普通教师，既然选择了教书育人，就矢志不渝。"

多年来，高铭暄为学生教授中国刑法、刑事政策与刑事立法、刑法前沿问题等课程。1984 年，他成为我国刑法学专业的首位博士生导师。

"全国优秀教师""全国师德先进个人"……从教半生，高铭暄获得不少荣誉，对教育事业始终钟爱如一。他先后培养出 80 多名法学硕士、博士及博士后，其中许多人成为知名法学教授、法院院长和律师，为推进我国法制建设、法律人才培养作出了贡献。

高铭暄。

高铭暄。

教学之余，高铭暄笔耕不辍，共主编 7 部有关刑法学的教材，著有 8 部专著，主编或参与著述 100 多部，发表论文 300 余篇。尤其是他主编的《刑法学》教材荣获国家级优秀教材一等奖和司法部优秀教材一等奖，成为刑法学专业学生的必读书目。他编著的《中华人民共和国刑法的孕育和诞生》等，也填补了新中国法学发展史研究的空白。

致力于中国刑法走向世界

如今，尽管已眉发花白，"90 后"的高铭暄依旧精神矍铄。他还在指导

3 名博士生，忙着写文章、做法律咨询和讲座，闲暇时还在微信朋友圈"打卡"学英语。"只要身体可以，我就要继续做工作、提升自己，活到老学到老。"他笑着说。

在高铭暄看来，时代发展日新月异，新的规范条例不断出台，法律工作者需要加紧学习，才能应对新问题、新挑战，不落后于时代。特别是人工智能、知识产权、极端犯罪、生态环境等新领域更需要加强学习和研究。

高铭暄也致力于中国刑法的国际化，盼望着中国刑法走向世界。他说："我们要让外国人知道中国的刑法很系统、很完备，有不少好经验。同时也要了解其他国家的经验，促进交流。"

2019 年 10 月 1 日，高铭暄受邀参加新中国成立 70 周年庆典观礼。当回忆起 70 年前作为北京大学学生队伍中的一员见证开国大典时的情景，他感慨道："新中国一路走来很不容易，国家翻天覆地的巨变，足以让每个中国人感到自豪。"

而日益完善的中国刑法也让高铭暄感到欣喜："随着国家进步、民主法制水平提升，我们的刑法一直在发展、进步，法律条文越来越符合实际，更具体、更有针对性，可操作性也越来越强。"

"我所做的一切，就是希望推动法治中国建设，保障国家安全、社会稳定，让人民权利得到保障，让犯罪分子得到应有的制裁。"回顾一生的奋斗历程，高铭暄依然充满"老骥伏枥，志在千里"的豪情，"今后我还要继续做好本职工作，和法学界同仁一道，努力推动法学体系不断发展完善，为我国法学的发展作出新的贡献！"

高铭暄：见证新中国的法治之路

王 蒙

"人民艺术家"

王蒙，男，汉族，中共党员，1934年10月生，河北南皮人，中国作家协会名誉副主席，原文化部部长，第八、九、十届全国政协委员。他作为与共和国共同成长的文学创作者，见证了中国当代文学的发展之路。其作品《青春万岁》《组织部新来的青年人》《活动变人形》《这边风景》等具有代表性和开拓性意义，被译成二十多种文字在各国出版。发掘培养了一大批优秀青年作家，为中国当代文学繁荣发展作出突出贡献。荣获第九届茅盾文学奖、全国优秀短篇小说奖。

王 蒙

始终跃动"少年布尔什维克"初心

"人民艺术家"王蒙——一位与新中国共同成长起来的作家，见证了中国当代文学的发展之路。他以辉煌的创作实绩和多方面的工作，参与并推动了中国文学事业的繁荣和中国特色社会主义文化事业的发展。

从少年到耄耋，从中学生党员到新中国的文化部部长，那颗"少年布尔什维克"的初心始终在王蒙的胸中跃动。

与新中国共同成长

1948 年，年仅 14 岁的王蒙加入了中国共产党，以一名"少年布尔什维克"的身份参加革命活动。

"新中国成立对我的意义非常大，那是完全进入一个新的时代和世界。我亲眼看见旧中国和旧社会是怎样分崩离析的，到处是危机，百姓没法生活下去。"

王蒙激动地说，新中国像朝阳一样，有诸多的可能性和期待；在革命战争胜利凯歌声中建立起来，社会焕然一新。

2004 年 9 月 25 日，王蒙在首届"北京文学节"上。

"新中国的成立、发展、建设是我一生的经历，也是创作的主题，我是见证者也是参与者。新中国的命运也是我的命运，她的辉煌成绩我分享了，她的曲折和坎坷我也有经验。"

王蒙的文学创作与新中国的行进步履紧紧相连。

从 20 世纪 50 年代的《青春万岁》《组织部新来的青年人》，到改革开放后的《蝴蝶》《布礼》《活动变人形》等，到进入新世纪后的《这边风景》及"季节"系列长篇小说……王蒙始终敏锐地捕捉着时代的脉搏，关注现实、反映现实。他的作品清晰描绘了新中国半个多世纪的社会生活变迁，深刻剖析人们的内心世界。

在 67 年的文学创作历程中，王蒙创作了 1800 多万字文学作品，出版近百部小说、散文、诗歌和学术著作，作品被译成 20 多种文字在国际上出版，获得过茅盾文学奖等国家级文学大奖和多项国际性文学大奖，显示了中国当代文学的创作高度。

热情澎湃地书写时代、书写生活

王蒙的文学创作横跨中国当代文学史的各个时期，与时代、现实相呼应：

1953 年，王蒙以长篇小说《青春万岁》开启了自己的创作生涯，刻画了新中国新一代青年人积极明朗、热情洋溢的精神风貌；

2009 年 11 月 6 日，王蒙在澳门大学举行"文学的方式"讲座。

1956 年，发表短篇小说《组织部新来的青年人》，显示出他对现实问题的关切和思考，以及在选材立意上的新意和勇气；

依托 20 世纪六七十年代在新疆生活劳动的丰富经历，王蒙创作的长篇小说《这边风景》生动表现了多民族共同生活的火热图景，并于 2015 年获第九届茅盾文学奖；

20 世纪八九十年代，小说《表姐》《布礼》《蝴蝶》《杂色》等，显示出王蒙对历史与人生的回顾和思考，在新时期之初的文学图景中十分具有代表性。

此外，王蒙在文学创作的艺术手法上不断创新探索。《春之声》《夜的眼》等被认为是中国当代"意识流"小说的代表性作品；《来劲》等作品以戏谑夸张的叙述风格，显示出极富勇气的创新激情。

"王蒙既是中国当代主流文学思潮的引领人物，也是中国当代文坛的一面镜子。"有人这样评价。

谈及自己取得的文学成就，王蒙认为主要在于自己广泛的兴趣爱好以及丰富的人生阅历。

"我的兴趣广泛，热情持久，对各个阶段的各种情况都有浓厚的关注。我的少年、青年时代赶上革命成功和新中国成立，这给我的人生奠定了光明的底色，即使我日后遇到了一些曲折和挑战，也始终热情澎湃地书写时代、书写生活。"王蒙说。

为国家、民族和历史创造更多新时代经典

在任职《人民文学》主编、中国作协副主席、文化部部长期间，王蒙关注文学发展、鼓励艺术创新，发掘和扶助了一大批优秀的青年作家。其人生经历、精神状态、探索活力和情操品行，也影响和感染了后辈作家。

2013 年 5 月 21 日，王蒙在乌鲁木齐新华国际图书城举办的《这边风景》读者见面会上。

"曾经有一篇被编辑否定掉的稿子，我看了觉得不错，就让它'起死回生'，给发表出来了。"王蒙回忆说，这篇作品的发表影响了作者的一生，他从此走上了文学的道路。

对于当下越来越多的年轻人选择手机浏览的现象，王蒙相信，人们终将会重新燃起对书本阅读的热情，这要求文学作品拥有经典、深刻、永恒的价值，要经得起时间和历史的考验。

"网络上有大量写得很好、引起读者兴趣的书，但是仍然显得追求数量，比较平面化。"

在王蒙看来，新中国的历史经验、光辉成绩和痛苦探索无与伦比。"这样的时代应该留下文学代表的杰作、经典，应该有更多深刻的作品出现，有成就更大的作家出现，有对这段历史的更多的咀嚼、消化、记忆和加工出现。我相信会有这样更好的作品和作家。"

王蒙希望，青年作家们能以最高标准摆脱畅销市场的诱惑，为国家、民族和历史创造新时代的经典。

如今，85 岁高龄的王蒙依旧笔耕不辍，2019 年以来，发表了《生死恋》《邮事》《地中海幻想曲》和《美丽的帽子》等多部小说。作为中央文史馆馆员，他还承担比较文学、古典文学等研究工作。

"我希望能多写一点，一直写下去。"王蒙说。

王蒙：讴歌时代　书写家国情怀

秦 怡

"人民艺术家"

秦怡，女，汉族，中共党员，1922年1月生，上海市人，上海电影集团有限公司艺委会顾问、一级演员，第三、四、五届全国政协委员。她坚持文艺为社会主义服务、以人民为中心的创作导向，主演了《铁道游击队》《青春之歌》《女篮五号》等30多部影片，塑造了多个脍炙人口的艺术形象。荣获"全国五一劳动奖章""全国优秀共产党员"等称号。

秦 怡

中国银幕不老的"青春之歌"

国庆前夕，正在沪上医院疗养的著名电影表演艺术家秦怡梳妆齐整，端坐在轮椅上，聚精会神观看电视直播。这一天是 2019 年 9 月 29 日，北京人民大会堂正在举行中华人民共和国国家勋章和国家荣誉称号颁授仪式。

尽管因身体原因，无法赴京参加仪式，但 97 岁的秦怡始终打足精神，要在病房里见证这庄严一刻。"国家给这么高的荣誉，很激动，感受很多，很想流泪……"被授予"人民艺术家"国家荣誉称号之际，她这样表达心情。

为人民讴歌，她满腔赤诚，演"活"了女英雄

1922 年出生的秦怡，16 岁开启舞台生涯，25 岁走上大银幕。

在中国影坛，秦怡是公认的德艺双馨艺术家。在她 80 余年的艺术生涯中，塑造了众多栩栩如生的艺术形象。特别是新中国成立以来，她先后主演了《农家乐》《铁道游击队》《女篮五号》《青春之歌》《摩雅傣》《海外赤子》等数十部影片。

秦怡年轻时的照片。

青春年少时，秦怡就经受抗战烽火洗礼，从上海家中辗转到中国南方各地，再到重庆，她以实际行动支持抗战。在重庆，她很快加入到由中国共产党领导的左翼文艺工作中。

"解放了，我们终于可以好好演戏、演电影了！"这是 1949 年迎接新中国诞生时秦怡发自心底的呐喊。

在回顾自己的艺术生涯时，她感慨："我 90 多岁了，经历了国家发展的不同阶段，更加觉得幸福来之不易，更加要不断学习，为人民讴歌，拍好电影就是为人民服务。"

她这样回忆自己塑造、打磨过的角色——在《铁道游击队》剧组学习"怎么扔手榴弹"，一个动作要重复十七八遍，趴在土坡上，要跟男演员一样吃苦耐劳；在拍《摩雅傣》时，与少数民族群众同吃同住，仅是学习如何驯马，就花了很大力气。

最令秦怡难忘的角色之一是在电影《青春之歌》中扮演的视死如归的共产党员林红。

"林红是我扮演的共产党人中最美的一个，这不是说形象好看，而是用精神和信念去打动观众。"她曾深情回忆。

人在，戏在，九旬高龄登上青藏高原拍新片

"拍戏的人没有季节，零下 30 摄氏度也可以穿着单衣，还扇扇子。零上 40 摄氏度，也可以穿着棉衣，围着围巾。严冬腊月往河里跳，酷暑也要往

2013 年 6 月 15 日，秦怡在第十六届上海国际电影节开幕式上。

火里钻。可是无论吃多少苦，每当一段样片出来时，大家抢着看自己在片子里是否有不足之处。"

这是秦怡在 2009 年上影成立 60 周年大会上的一段激情演讲，台下几代电影人不禁热泪盈眶。

"人在，戏在！" 2014 年，九旬高龄的秦怡登上青藏高原，拍摄她字斟句酌的电影剧本《青海湖畔》。从筹备到开拍，她自编自演，全程亲力亲为。与秦怡老师拍对手戏的演员佟瑞欣说，片中气象科学工作者梅欣怡爱岗敬业，寄托了秦怡老师对工作和生活的无比热爱。

对待表演艺术，秦怡永远充满着激情。她说："无论是痛苦还是欢乐，我总要以满腔激情去拥抱事业，这是一支我永远唱不尽的歌。"

大爱无垠，从小家走向大家

在医院疗养期间，秦怡把国家荣誉称号证书和奖章放置在最醒目位置。此前入院时，她还带上了早年她与丈夫金焰的合影。

秦怡以她对小家和大家的爱，来诠释自己的人生品格。她曾经数十年如一日，悉心照料患有重症的儿子，即使丈夫去世、心灵屡受打击，她坚持以柔弱的肩膀挑起家庭重担。

而当社会上一方有难，秦怡又一次次毫不犹豫地伸出援手。很多影迷记得，2008 年汶川大地震后，秦怡拿出自己绝大部分积蓄，先后捐出 20 余万元，支援灾区重建。她不顾医生反对，在做完腰椎手术后不久就前往都江堰参加上海援建小学的开学典礼。玉树地震后，她又捐款 3 万元。

据估算，近年来，她累计向各个方面捐款超过 60 万元，而这对屡遭家庭变故的秦怡来说并不是一笔小数目。

她还一直关心中国电影"走出去"，不仅支持上海举办国际电影节，还

秦怡。

曾发起并筹资主办"上海中外无声影片展"等活动。她与世界多国电影艺术家建立友谊。比如，秦怡比日本演员栗原小卷年长 20 多岁，但两人一见如故，结下忘年交。

"她的身上饱含着精神力量，给人以心灵启迪。她塑造的角色拓宽了人们对中国电影的认知，照见了人们对世间真善美的渴望。"上海电影集团党委书记、董事长任仲伦说。

秦怡：干文艺不是"为谋生"而是"为理想"

郭兰英

"人民艺术家"

　　郭兰英，女，汉族，中共党员，1930 年 12 月生，山西平遥人，中国歌剧舞剧院一级演员，第一、二、三、五、六届全国人大代表。她为中国民族歌剧表演体系的建立和民族演唱艺术的发展作出开拓性贡献。新中国成立后，塑造了《白毛女》中的喜儿、《小二黑结婚》中的小芹等众多光彩夺目的舞台艺术形象。她演唱的《我的祖国》《南泥湾》《人说山西好风光》《八月十五月儿明》等脍炙人口的歌曲，历经半个多世纪传唱至今。

郭兰英
永远为人民歌唱

在一个网络问答社区上，有人提了这样一个问题——"新中国成立 70 年来，有没有一首歌让你听了就热泪盈眶？"近一万五千个回答中，排名第一的是《我的祖国》。

这首歌的原唱郭兰英，曾演唱过无数经典旋律，也创造了许多舞台艺术形象。2019 年 9 月 17 日，郭兰英被授予"人民艺术家"国家荣誉称号，并于 9 月 29 日在北京人民大会堂参加了中华人民共和国国家勋章和国家荣誉称号颁授仪式。

"我"和《我的祖国》

提起《我的祖国》，如今年近 90 岁的郭兰英，眼中依然闪烁着热情的光芒。

"大家都喜欢这首歌，主要是词作者乔羽、曲作者刘炽他们写得好。"看到如今年轻人在街边也会跟着旋律哼唱起来，郭兰英很开心。当人们表达起对这首歌和演唱者的喜爱时，郭兰英还是将这份真挚动人的情感归功于词曲作者。

1956 年，这首由乔羽作词、刘炽作曲，为电影《上甘岭》而做的插曲，在郭兰英的传唱中红遍大江南北，成为触动每一个中国人的"生命之歌"。

"当时拿到这首歌，我一唱就特别喜欢。"郭兰英说，此后，唱过多少遍《我的祖国》，她早已记不清了。但每次唱起这首歌的时候，都忍不住热泪盈眶，"因为它有一颗人民群众的心"。

在这首歌中，她最喜欢的是这一段词："好山好水好地方，条条大路都宽畅。朋友来了有好酒，若是那豺狼来了，迎接它的有猎枪。"

"这首歌完全代表了我的内心，没有祖国就没有我郭兰英。"她说。

郭兰英在音乐舞蹈史诗《东方红》中演唱《南泥湾》。

1989 年 10 月 28 日，我国文艺界、体育界明星在北京首都体育馆为亚运会集资举行文艺体育荟萃义演。图为郭兰英在义演会上演唱。

民族新歌剧的领军者

郭兰英的作品，像《我的祖国》一样被传唱的，还有许许多多。她的艺术生涯，始终与国家的命运紧密相连。

郭兰英出生于山西平遥，这里是山西梆子的发源地之一。耳濡目染下，她从小就对戏曲产生兴趣，6 岁时开始学唱山西中路梆子，先后演出过《李三娘挑水》《二度梅》等一百多部传统戏，在戏曲表演方面初露头角。

1946 年，郭兰英离开戏曲团，参加华北联大文工团，从事新歌剧事业。

新中国成立后，郭兰英先后在中央戏剧学院附属歌舞剧院、中央实验歌剧院、中国歌剧舞剧院任主要演员。

她主演的新歌剧《白毛女》《刘胡兰》《春雷》《小二黑结婚》等，创造了喜儿、刘胡兰、小芹等许多扎根群众的生动艺术形象，受到百姓的欢迎。她也成为中国新歌剧方面代表性的人物之一，为中国新歌剧表演体系的建立和民歌演唱艺术的发展做出了开拓性的贡献。

郭兰英演唱的《南泥湾》《绣金匾》《人说山西好风光》等歌曲和歌剧唱段，高亢嘹亮的音色和饱满的情感触动着每一个中华儿女，成为传唱至今的经典。

"让我平平淡淡地唱一首歌，我唱不了。"郭兰英说，每个人唱歌都有自己的特点，每首歌都有感情在其中。心系人民、讴歌时代是她一直以来不变的信念和热情。

2002 年 5 月 19 日，郭兰英在延安举行的慰问演出上演唱。

永远有一颗为人民歌唱的心

1982 年，郭兰英投入到音乐教育事业中。1986 年，郭兰英离开北京南下广东，在广州番禺创办了郭兰英艺术学校并担任校长。从此她在这里扎下根，一待就是 30 多年，为艺术界培养了一届届优秀的学生。

如今，年近九旬的郭兰英，依然精力十足地为艺术事业而奔波。除了为艺术学校的学生上课之外，也会经常指点从事音乐的青年艺术工作者们。不久前的深圳音乐季大师公开课上，郭兰英还从发音、吐字、呼气、换气等方面，一字一句为学员点评示范。

身为"人民艺术家"，郭兰英对自己的要求是"只有一颗心，处处为人民"。她说："我现在年纪大了，腿脚不好，唱歌也上不去了，但为国家好、为人民好的事，我还要主动去做。"

郭兰英：为人民歌唱

艾热提·马木提

"人民英雄"

艾热提·马木提，男，维吾尔族，中共党员，1969年10月生，2016年9月去世，新疆皮山人，新疆维吾尔自治区和田地区皮山县公安局原副局长。从警27年始终战斗在基层一线，紧紧围绕社会稳定和长治久安总目标，充分发挥反恐处突实战经验丰富的优势，事事冲锋在前，带领公安干警成功侦破一系列案件。2016年9月在搜捕公安部A级逃犯时遇自杀式爆炸袭击，身负重伤，经全力抢救无效，壮烈牺牲。他以大无畏的牺牲精神诠释了一名人民警察忠诚于党、忠诚于人民的铮铮誓言。荣获"全国公安系统一级英雄模范"称号。

艾热提·马木提

守卫边疆镇平安

在新中国成立70周年之际，全国公安系统一级英雄模范艾热提·马木提获得"人民英雄"国家荣誉称号和"最美奋斗者"荣誉称号。

艾热提·马木提1969年10月出生在新疆和田地区皮山县。他从警27年，其中17年在皮山县乡镇派出所工作。2016年9月在搜捕公安部A级逃犯时，身为皮山县公安局副局长的他带队进行搜捕，遭遇自杀式爆炸袭击，身负重伤，经全力抢救无效，壮烈牺牲。

处理案件公平公正

回忆起父亲艾热提·马木提，女儿古丽米热·艾热提说，小时候，周末常去父亲工作的派出所玩耍。院子、办公室被爸爸和其他民警打扫得干干净净。和田风沙很大，一年200多天都要"吃土"，但派出所的桌上却看不到一点灰尘。

那时，父亲经常住在派出所，很少有机会接送她和妹妹上下学。古丽米热·艾热提记得，后来，自己到离家1000多公里的乌鲁木齐读大学了，父亲也只来看过她一次，还是借着到内地出差的机会。妹妹在乌鲁木齐读大学时，父亲也只看过她一次。

从懂事起，古丽米热就深知父亲工作的辛苦。如今她也成为一名警察，对父亲有了更深的理解。

同事阿布来提·艾合买提忘不了艾热提·马木提常说的那句话："要是警察都害怕的话，谁还敢冲到前头？"

两人是高中同班同学，1989 年同时参加工作，一道成为人民警察。2005 年，阿布来提调入艾热提所在的科克铁热克乡派出所，担任指导员，此时艾热提·马木提已在此工作了 9 年，任职所长。

当时的科克铁热克乡共有 25 个村，户籍人口达到 3.5 万，是全县人口最多的乡镇，社会治安情况复杂、地域面积大、案件多，但整个派出所只有 13 位民警，工作压力大。

刚刚搭班子共事，阿布来提感觉老同学的性情变了很多。"以前读书的

艾热提·马木提。

艾热提·马木提。

时候他性格内敛，共事后，我发现他干练、当机立断，有时候很严厉。"

如今的科克铁热克乡派出所所长木塔里甫·麦麦提，曾是艾热提·马木提手下的"兵"。2003 年，木塔里甫参加工作，就被安排在科克铁热克乡派出所。

"他什么工作都带头干，对案件处理公平公正。有不懂的，他都耐心解答。"木塔里甫回忆，"但是如果你不懂却不问，他会狠狠地批评你。"

让木塔里甫感动的是，艾热提·马木提得知他兄弟姐妹多人同时在上大学，家里经济紧张，就每月从自己八九百的工资中拿出 100 元给木塔里甫当生活费，让他安心干。

有危险的时候总是第一个上

如今，艾热提·马木提的照片挂在派出所会议室的墙上，木塔里甫常常能看到"有危险的时候总是第一个上"的老所长。

警官艾合买提江·马木提也深深怀念着艾热提·马木提。尽管两人不在一个部门，共事的机会并不多，但艾热提·马木提给他留下了深刻印象，"他每次现场都走在最前面"。

艾合买提江还是高中生的时候，就有人带着敬意远远地指给他看："那就是艾热提所长！"艾热提·马木提工作能力出众，深受皮山县百姓敬重，一直享有很高的知名度。

"他是一个有着英雄气质的人，对全县情况非常了解，基层经验特别丰富。"皮山县公安局政委张晓琴这样评价这位英雄。

艾热提·马木提生命定格于46岁，长眠在他用热血守护的家乡。说到艾热提·马木提的牺牲，所有的受访者都表示"心痛"。

艾合买提江对记者说，2016年9月10日下午，当他赶到医院时，走廊里挤满了干部、民警和群众，"所有的人都为他的离开落泪"。

艾热提·马木提：用生命保卫家园

申亮亮

"人民英雄"

　　申亮亮，男，汉族，中共党员，1987年8月生，2016年6月去世，河南温县人，原65307部队70分队班长。他从军报国信念坚定，军事技能训练刻苦，熟练掌握连属主战装备，精通运输车、瞄杆钻车、挖掘装载机等装备操作，成为"一专多能"型骨干，入选集团军"百名专业技术能手"人才库。2016年5月赴马里执行第四批维和任务，在执行任务中遭遇恐怖袭击，果断指挥战友向目标射击，在汽车炸弹爆炸瞬间将战友推离，用自己的生命换回了部队其他人员的平安，被评为烈士并追记一等功。

申亮亮

不能忘却的维和英雄

2019 年 9 月 29 日，北京人民大会堂，申天国、杨秋花夫妇手捧"人民英雄"国家荣誉称号奖章，代表牺牲在维和战场的儿子申亮亮接受国家礼遇。

申亮亮生前是第 78 集团军某工程防化旅机动保障营上士，2005 年从河南省温县入伍。

被联合国授予达格·哈马舍尔德勋章

2016 年 5 月 18 日，申亮亮赴马里执行第四批维和任务。马里当地时间 5 月 31 日 20 时 50 分许，他与战友司崇昶共同担负维和营区 2 号门岗执勤警戒任务时，一辆不明地方车辆高速冲向营门。

申亮亮当即向作战值班室报告，拉响警报通知营区做好防护，同时果断指挥司崇昶向目标开枪射击，并在爆炸瞬间将司崇昶推离岗楼。他本有时间和机会隐蔽，但他置个人安危于度外，始终坚守哨位履行职责，为阻止汽车炸弹冲入营区而壮烈牺牲，年仅 29 岁。

申亮亮参加中国第四批赴马里维和任务。

2016 年 6 月，申亮亮被马里共和国授予战士十字勋章；2017 年 5 月，被联合国授予达格·哈马舍尔德勋章……

"我们应该记住英雄的名字"

"亮亮是部队的英雄，更是我们村的英雄，我们应该记住英雄的名字。"温县西南王村小学校长张文科说。

2016 年秋，西南王村新修 3 条水泥路，其中一条从申亮亮家门前通过。

2016 年 6 月 12 日，申亮亮的骨灰回到故乡河南，烈士家属和社会各界人士在河南新郑机场参加迎接仪式。

2016 年 6 月 13 日，申亮亮的骨灰在家乡河南省温县烈士陵园安葬。

村里征求村民意见给这 3 条路命名，张文科建议以申亮亮的名字命名，结果一呼百应。

申亮亮被授予"人民英雄"国家荣誉称号后的第二天，第 78 集团军党委号召所属部队官兵向申亮亮学习。

如今在申亮亮生前所在旅，申亮亮的"身影"在营院里更是随处可见：所在连队每天晚点名，第一个呼点申亮亮，全连官兵答到；新兵入营的第一堂课是崇尚英雄，老兵退伍的最后一课是告慰英雄……

"亮亮，你离开 3 年了，我们一直在继承你的遗志奋力前行！"2019 年 5 月 31 日，在旅"申亮亮纪念厅"开馆仪式上，一份特殊的成绩单放在烈士遗像前。那是一张红色的"英雄榜"，榜上 365 个精兵故事，告慰英雄在天之灵。

旅助理员卞龙在"5·31"马里恐袭时距离汽车炸弹仅 30 米，身体受重伤。回国后，他毅然坚守在战斗岗位。2019 年 5 月，他再次踏上赴马里维和征程。

回忆英雄离开的岁月，32 岁的上士司崇昶情不自禁落下泪来。恐怖袭击后，他被评为一级伤残，本没有明确的工作任务，可他每天都去训练场担任教练员，耐心地给战友传授经验技巧。5 月中旬，在陆军"工程奇兵 –2019"比武竞赛中，他的好几位"徒弟"取得优异成绩。

2019 年，申亮亮生前所在旅作为工兵分队赴马里执行第 7 批维和任务，100 多名队员中执行过维和任务的队员就有 48 人，其中 3 次参与过维和任务的有 13 人。

申亮亮：用生命捍卫忠诚与和平

麦贤得

"人民英雄"

麦贤得，男，汉族，中共党员，1945年12月生，广东饶平人，原91708部队副司令员。1965年"八六"海战中，他在弹片插在头部、脑浆外露、鲜血模糊双眼的情况下，坚持战斗3个小时，凭着惊人的战斗意志和过硬的素质本领，在几台机器、几十条管路、几百个螺丝里，检查出一个只有拇指大的被震松的油阀螺丝，成功排除故障，确保了机器正常运转和舰艇安全。他的英勇战斗事迹被媒体广泛报道，在全社会引起巨大反响，被誉为"钢铁战士"。荣立一等功，荣获"八一勋章"和"战斗英雄""全国自强模范"等称号。

麦贤得

钢铁战士的人生坚守

老英雄麦贤得再一次被推到了时代的聚光灯前——在新中国成立70周年之际，他获得"人民英雄"国家荣誉称号。

"感谢党、感谢祖国和人民，如果没有祖国的抢救，就没有我的今天！""我的第二次生命是党和人民给的，我要回报祖国，回报社会，跟党走，为人民服务！"麦贤得说。

头缠绷带、身穿海魂衫、坚守在轮机旁继续战斗……连环画《钢铁战士麦贤得》中麦贤得的形象，是许多中国人脑海里难以磨灭的印记。

"八六"海战中被誉为"钢铁战士"

1965年8月6日凌晨，在著名的"八六"海战中，我海军611号护卫艇轮机兵麦贤得头部中弹失去知觉，苏醒后由于头部失血过多眼睛不能视物，他仍坚持作战，凭着练就的一身"夜老虎"技能，排除舰艇故障，保证轮机正常运转，坚守战位直到战斗胜利。麦贤得因此成为这次海战中最具光彩的一位英雄，被誉为"钢铁战士"，他所在的611艇被海军授予"海上英雄艇"荣誉称号。

麦贤得（2017 年 7 月 27 日摄）。

"老麦始终没有忘记，是党和人民给了他第二次生命。"与麦贤得风雨同舟 47 年的妻子李玉枝说，退休后的麦贤得大部分时间都在东奔西走给部队官兵和青年学生上革命传统课，他现在还兼任汕头和广州几个学校的校外辅导员，经常到机关、企业讲革命优良传统。

把"志当英雄、勇作尖刀"的精神传承下去

东部战区海军某导弹快艇大队 2319 艇传承了"海上英雄艇"荣誉称号，

半个多世纪过去了，麦老英雄的目光，始终没有离开这艘英雄的舰艇和这支炮火中诞生的英雄部队。他每年都会回到"娘家"，鼓励英雄艇传人树立崇高的人生追求，努力为党和国家作贡献。

"要锻炼'夜老虎'的过硬本领，发扬一不怕苦、二不怕死的精神。"2017 年 8 月 12 日，"海上英雄艇"52 岁生日这一天，麦贤得和妻子李玉枝一道回"娘家"祝贺。他们和大家一起观看了"八六"海战影像片后，麦贤得与英雄艇官兵深入座谈交流，描绘海战场景、讲述战斗故事。麦贤得向大家赠送亲笔签名的书籍，勉励新一代英雄艇官兵听党话、跟党走，做钢铁战士。新老英雄艇水兵共同高举右拳，在麦贤得题写的"海上英雄"石刻前重温入伍誓词，"誓死保卫祖国"的口号响彻云霄。

"作为英雄传人，我们要高举英雄旗帜，积极投身练兵备战，将'志当英雄、勇作尖刀'的精神传承下去，努力锻造召之即来、来之能战、战之必

2016 年 12 月 27 日，麦贤得在家中练习书写毛笔字。

胜的精兵劲旅。"艇政治教导员李志峰说。

近年来，麦贤得还先后参加全军"中国梦·强军梦·我的梦"主题团日活动、海军"航空雄鹰团"命名 50 周年大会、海军某基地"强军梦·海军魂"主题晚会等，在广大官兵和青少年间发挥了思想引领和行为示范作用。

麦贤得：越是艰险越向前的钢铁战士

张 超

"人民英雄"

张超，男，汉族，中共党员，1986年8月生，2016年4月去世，湖南岳阳人，92950部队原飞行中队长。2015年3月，他加入舰载机部队，在很短的时间内掌握了舰载战斗机操纵特点和舰载飞行要领，飞行技战术水平得到跨越式提升。2016年4月，执行任务时突遇空中险情，他果断处置，尽最大努力保住战机，被迫跳伞，不幸壮烈牺牲，年仅29岁。被追授为"逐梦海天的强军先锋""全国优秀共产党员"等称号，被中央军委批准为全军挂像英模。

张 超

生命为祖国奋飞

29 岁短暂人生，12 年逐梦长空。

从初教机到高教机，从二代机到三代机，从陆基飞行到舰载飞行……他先后飞过 8 种机型，数次主动放弃个人安逸，选择为祖国召唤、为军人使命而奋飞。直到生命最后时刻，他最割舍不下的，仍然是飞行。

他，就是张超——"人民英雄"国家荣誉称号获得者，海军某舰载航空兵部队原一级飞行员。

起飞 为了祖国的天空

从儿时起，张超就对天空充满向往。而成为一名飞行员的想法，在他 14 岁时变得前所未有地强烈。

那是 2001 年，发生在南海的中美撞机事件中，"海空卫士"王伟英勇牺牲，举国上下悲痛不已。当飞行员，成为张超和许多像他一样的热血青年的共同心愿。

17 岁那年，张超终于如愿以偿。2009 年，经过 5 年培养和训练，张超

张超（2016 年 1 月 27 日摄）。

迎来毕业时刻。作为优秀毕业生，他有相当的把握留校任教。但他坚决要求到一线作战部队，到王伟战斗过的地方，做一名战斗员。

时任团长邱柏川至今记得，初次见面时，他问张超"为什么来"，张超脱口而出"冲着王伟来的"。

沿着英雄的航迹，张超驾机起飞，完成了一次又一次自我超越。

2010 年，改装歼 –8，张超成为同批次首个放单的飞行员和首批长机，是全团 6 名"尖刀"队员中最年轻的一员；时隔两年，改装新型三代战机，张超又是同批飞行员中首个单飞的，并提前 4 个月完成改装任务，刷新多项纪录。

张超越飞越勇、越飞越好，更加广阔的海天向他敞开怀抱……

转向　追逐梦想的深蓝

"舰载机飞行是世界上公认的最危险的飞行，你愿不愿意来？"

"我知道危险，但就是想来。"

这段面试时的对话，提问者是作为考官的"航母战斗机英雄试飞员"戴明盟，答问者是张超。

那一年，海军决定在三代机部队破例选拔舰载战斗机飞行员。张超第一时间报了名。

彼时，中国航母舰载机事业正处于起步阶段——

2012年9月，我国首艘航母辽宁舰入列，同年11月23日，戴明盟首次在辽宁舰上成功阻拦着舰；

2016年1月19日，张超执行飞行任务后与地勤人员进行交流。

2013 年 5 月，人民海军第一支舰载航空兵部队成立；

2014 年年底，我国自主培养的首批舰载战斗机飞行员成功完成舰上起降。

对于张超的选择，反对的声音一开始就有。毕竟，他此时已飞过 6 种机型，单位正准备提升他为副大队长；妻子带着不满 1 岁的女儿刚刚随军，正需要工作、生活的稳定。

可张超心里清楚，这次"破例"意味着什么。同班的飞行员 2013 年就开始了学习训练，他如果能在 1 年内追上训练进度，就说明新的训练方案可行，舰载战斗机飞行员培训工作将随之换挡提速。

"小伙子眼神清澈，很沉静，不张扬，主动要求来的愿望特别强烈，一看就是纯粹追求飞行事业的飞行员。"谈及面试时对张超的第一印象，戴明盟记忆犹新。

2015 年 3 月，张超成为当时中国海军最年轻的舰载战斗机飞行员，开启了飞向航母的"加力模式"——

加入舰载战斗机部队 1 个月，他完成了理论改装；6 个月时，他追平了训练进度；10 个月时，他第一次驾驶歼 -15 飞机飞上蓝天；截至 2016 年 4 月，张超已经完成上舰前 93.24% 的飞行架次。所有课目的考核成绩，都是优等。

上舰的日子，近了；深蓝的海天，也近了……

远航　点燃不熄的火焰

2016 年 4 月 27 日，一个寻常的飞行日，也是张超加入舰载航空兵部队的第 90 个飞行日。

这一天，按照计划，张超和战友们要飞 3 个架次的低空、超低空训练。后因天气有变，第 3 架次被调整为陆基模拟着舰训练。

2015 年 10 月 15 日，张超在高空装具室准备穿戴飞行装具执行飞行任务。

12 时 59 分，张超驾驶 117 号歼 -15 飞机进入着"舰"航线。降低高度、后轮触地、前轮触地、滑行……那片被称作"黑区"的模拟航母飞行甲板上，又一次记录下属于张超的成长印迹。

可就在战机刚刚滑行 2 秒钟时，突发电传故障。飞参记录表明，从战机报警到跳伞离机的 4.4 秒里，张超的动作是全力推杆到底、挽救飞机。

由于弹射的高度过低、角度不好，张超被重重摔在了跑道旁。前往医院的路上，他留给战友最后的告别："我是不是要死了，再也飞不了了……"

张超走了，但他的精神始终与中国航母舰载机事业同在——

2016 年 11 月 30 日，张超走后 7 个月，中央军委追授张超"逐梦海天的强军先锋"荣誉称号大会上，12 名新选拔的舰载战斗机飞行员正式入列。

2016 年 12 月，张超走后 8 个月，歼 -15 舰载战斗机首次进行实弹射击演练。而歼 -15 飞机实际使用武器教学法，最早由张超负责编写。

2019 年 1 月，经中央军委批准，增加"逐梦海天的强军先锋"张超为全军挂像英模。那段时间，张超的战友们在突破夜间着舰技术基础上，持续组织复杂气象条件下多批次、多架次、全要素夜间编队飞行训练，提升航母舰载机全天候作战能力……

"驾驶'飞鲨'越久，越能理解张超当年的抉择。"舰载战斗机飞行员孙明杰说，自己和战友们将继续张超未竟的事业，向着更高更远的深蓝海天进发。

张超：笃定初心　献身航母舰载机事业

王文教

"人民楷模"

　　王文教，男，汉族，中共党员，1933 年 11 月生，福建南安人，原国家羽毛球队总教练，第五、六届全国政协委员。1954 年，他为振兴新中国羽毛球事业，从印尼回到祖国，曾多次获得全国羽毛球赛男子单打、双打冠军。退役后先后执教福建羽毛球队、国家羽毛球队，在他任总教练期间，中国羽毛球队获得了 1982、1986、1988、1990 年汤姆斯杯团体赛冠军，涌现出 56 个世界单项冠军。荣获国际羽联"终身成就奖"。

王文教

火种到辉煌——中国羽毛球事业的"拓荒者"

> "我回国后与当时的全国冠军交手，打了他个 15∶0、15∶6。"被誉为新中国羽毛球事业"拓荒者"的王文教回忆道。差距如此悬殊，深深震撼了他，这促使当时年仅 20 岁的他下定决心离开印尼，回到祖国，为振兴祖国的羽毛球事业贡献力量。

毅然签下"永不回印尼"的保证书

当今的国际羽坛，中国队乃名副其实的主角。可在新中国成立之初，百废待兴，我国的羽毛球水平也处于起步阶段。祖籍福建南安的王文教 1933 年出生于印尼，20 世纪 50 年代初是印尼家喻户晓的羽毛球明星。1953 年，王文教随印尼体育观摩团参加了在天津举办的全国四项球类运动会，正是这次比赛，让他意识到了中国羽毛球与世界顶尖水平的巨大差距。

运动会结束后，王文教又随团赴沈阳、上海等多地参观，看到祖国上下热火朝天的建设景象，离开印尼、回归祖国的想法也悄悄地在他的心里生根、发芽。

可这又谈何容易！回国，意味着不仅要放弃优渥的生活条件和已经取得的荣誉地位，而且要与生活在印尼的亲人们分别。"我妈妈不同意，她说，你要回去受苦。我跟她讲现在有变化，新中国跟旧中国不一样，我母亲不

王文教在第一届全运会羽毛球男子单打比赛上。

信，结果我还是要回来。"

1954 年，王文教不顾印尼方面的阻拦和家人的反对，与搭档陈福寿等华侨青年一起，踏上了归国的旅程。为此，他们毅然签下了"永不回印尼"的保证书。

这一决定，不仅改变了王文教的命运，也让中国羽毛球迎来了加速发展的春天。

带回羽毛球的先进打法和理念

回国之后，国家体委以王文教、陈福寿等为主，在中央体育学院成立羽

王文教在第一届全运会羽毛球男子单打比赛上夺得冠军。

毛球班，王文教担任教练和队长。训练设施的不足和物质匮乏，起初让王文教有些不适应。当时北京没有合适的场地，他就带着队员们在天津基督教青年会的礼堂里训练。由于营养不够，王文教的腿部出现了浮肿。

"回来的时候需要粮票，没有粮票买不到东西。后来我妈妈知道我出现了浮肿，就寄了好多吃的给我。"王文教说，"当时我一回来，有6个月试用期，试用期间只有17块人民币，伙食费还要交9块，只剩下8块钱，后来我的自行车也都卖掉了。但这不算什么，因为我感觉年轻人怎么样都行，因为体育可以锻炼一个人的意志品质。"

1956年11月，福建省成立了我国第一支省级羽毛球队，随后上海、广东、天津、湖南、湖北等相继建队。两年后，随着中国羽毛球协会在武汉正式成立，全国已有20多个省、市成立羽毛球队。这些集训队伍均以王文教和陈福寿合写的有关羽毛球训练方法（后结集成书，名为《羽毛球》）为指导刻苦训练。在此期间，全国性比赛也开始密集举行。王文教等人带回的先进打法和理念，犹如一颗"火种"呈燎原之势，使羽毛球运动得到迅速推广和普及，运动员技战术水平也有了明显提高。

中国羽毛球走向辉煌的奠基人

从 20 世纪 60 年代初开始，伤病缠身的王文教逐渐淡出比赛，专心当

时任中国羽毛球队教练王文教在中国队获得第十二届汤姆斯杯赛冠军后在颁奖仪式上向观众致意。

教练。王文教曾因为"海外背景"受到冲击，被下放到农村"改造"。直到1972年初，王文教从农村被调回北京，负责组建新的国家队。王文教重新回到钟爱的羽球世界，将国家队总教练的重担义无反顾地扛在肩上。

执教二十余载，王文教培养出一大批羽球人才：杨阳、赵剑华、李永波、田秉毅……可谓桃李满天下。在其执教期内，中国羽毛球队一共获得56个单打世界冠军和9个团体世界冠军。在这众多冠军中，让王文教印象最为深刻的是1982年率队参加在英国举行的汤姆斯杯，那也是1981年中国加入国际羽联后首次参加该项赛事。

"当时的决赛，我们第一天1∶3落后印尼，第二天打他们4∶1，总比分5∶4反败为胜。当时很自豪，感觉到我们能够为祖国争光，很不容易，而且当时是英国女王给我们发奖，就觉得中国人非常了不起。"

两年后，中国女队又首次在尤伯杯中折桂，并由此开启了五连冠的征程。

毫不夸张地说，王文教，就是中国羽毛球走向辉煌的奠基人，而"人民楷模"的称号正是对其几十年来心怀祖国、辛勤付出的最好褒奖。

在得知获得这一称号后，王文教说："感谢祖国还惦记着我，这是我没有想到的，因为我年纪都大了，已经退休了。获得国家的认可我非常激动，前几天回到福建老家，乡亲们都说家里出了只'金凤凰'。"

如今的王文教，虽然离开国家队一线多年，但他的爱国情怀、为国争光的精神，仍激励着中国羽毛球队年轻一代，向着中国体育新的辉煌前进。

王文教：中国羽毛球的"拓荒者"

王有德

"人民楷模"

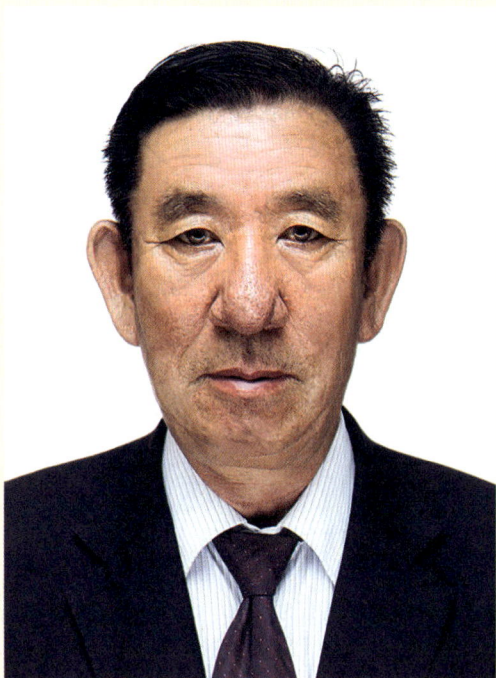

　　王有德，男，回族，中共党员，1953年9月生，宁夏灵武人，宁夏灵武白芨滩国家级自然保护区管理局原党委书记、局长，第十届全国人大代表。他带领职工大力推进防沙治沙，营造防风固沙林60万亩，控制流沙近百万亩，有效阻止毛乌素沙漠的南移和西扩，呈现出人进沙退的可喜局面。探索形成"宽林带、多网格、多树种、高密度、乔灌混交"的防沙治沙模式，实现了"沙漠绿、场子活、职工富"的奋斗目标，为全国防沙治沙提供了宝贵经验。荣获"全国优秀共产党员""全国先进工作者""全国治沙英雄""改革先锋"等称号。

王有德

在治沙播绿中实现人生价值

> 在浩瀚的毛乌素沙漠西南边缘，有一道南北长 60 多公里、东西宽约 30 公里的绿色屏障，静静守护着母亲河黄河和银川平原。这片绵延的绿洲，见证了世界治沙史上的奇迹，记录了一位传奇人物 40 多年的坚持与梦想。
>
> 他是王有德，宁夏灵武白芨滩国家级自然保护区管理局原党委书记、局长，"人民楷模"国家荣誉称号获得者。

投身林业　向沙宣战

王有德出生在宁夏灵武市马家滩镇一个回族家庭。曾经水草丰美的家乡是他儿时的乐园，可随着过度放牧，土地植被退化，风沙一天天逼近家园。十几年里，先后有 20 多个村子、3 万多人被迫迁移……

"从那时开始我心里就跟沙漠较上劲了，一定要把毛乌素沙漠侵吞的土地夺回来。"王有德立誓与沙漠抗争。

1976 年，王有德进入林业系统工作；1985 年，他调任白芨滩林场副场长，面对的却是一个尴尬的开场——林场生产已多年徘徊不前，职工人均年收入只有几百元，三分之二的人要求调走。

先治穷，让职工富起来；再治沙，让沙漠绿起来！深入调研后，王有德

2013 年 7 月 24 日，在宁夏灵武市白芨滩国家级自然保护区，王有德在治沙一线扎草方格。

大刀阔斧实施改革：精简后勤、实行工效工资、林业生产任务包产到人……改革当年，林场造林 5093 亩，创收 17 万元，实现了大逆转。

为筹集更多治沙经费，王有德顶着压力四处贷款创办实体，利用冬季造林闲暇组织职工外出打工……沉寂多年的场子开始重新焕发生机。随着林场"自我造血"功能增强，治沙造林事业揭开了新篇章。王有德开始带领职工在流动沙丘固沙造林，向沙漠宣战。

白天，他们顶着 50 多摄氏度的高温推沙平田、挖坑种树，晚上就住在沙窝中搭建的帐篷里点着蜡烛找问题、想法子；寒冬腊月，为了抢抓树苗灌冬水的时机，他们日夜吃住在水渠边……

植绿沙漠　淘金沙海

治沙的人说，养个娃娃容易，在沙漠里种棵树难。千辛万苦栽好的树苗，常常一夜之间就被风沙埋葬。王有德和职工哭过鼻子流过泪，但活儿还要干，树还要栽。风沙不停摧毁辛苦栽下的树苗，他们就不停补种，直到树木连成片，把流沙牢牢锁住……

一次次，他用那双长满老茧的手刨开沙土，看苗根扎好了没有。长年累月，指甲缝里钻满了抠不出、洗不净的陈年旧土，身上是抖不尽的沙子。

扎制草方格沙障是每一位白芨滩人必练的"基本功"。年年岁岁，白芨滩人用不懈的坚持编织出漫无边际的草方格地毯，罩住了滚滚流沙。草方格上，沙生植物苗壮成长。曾经风沙肆虐的沙地，成为物种丰富、生态优良的国家级自然保护区。

"坚持科学治沙、综合治沙，才能实现治沙事业可持续发展。"王有德是这样说的，也是这样做的。

通过多年改革创新，他探索建立了"宽林带、多网格、多树种、高密度、乔灌混交""林农牧副多业并举"等多种防沙治沙模式，实现了"沙漠

王有德与职工一起在沙丘上扎草方格。

绿、场子活、职工富"的目标，为国内外沙漠化治理提供了宝贵经验。

"来到白芨滩快 30 年了，亲眼看着沙漠绿了，我们的日子越过越红火了，沙漠也可以成为'聚宝盆'。"李桂琴难掩喜悦。

50 岁的李桂琴和丈夫吴敬国都是林场职工，20 多年前"穷得差点儿连婚都结不了"。如今，他们养了 500 多头奶牛，承包了 40 多亩果园和苗圃，还经营着 4 座设施温棚，家庭总资产达到 300 多万元。

在人与自然的抗争中，王有德和职工们风里来沙里去，以"宁肯掉下十斤肉、不让生态落了后"的拼劲，营造防风固沙林 60 万亩，控制流沙近百万亩，有效阻止毛乌素沙漠的南移和西扩，实现了人进沙退的伟大壮举。

生命不息　治沙不止

秋日午后，在灵武市马鞍山生态治理区刚建好的日光温棚里，王有德忙着和工人一同打埂、移栽草莓苗。"明年开春就可以采摘了，到时候你们可一定要来尝尝。"

虽然已退休，王有德仍然每天在防沙治沙一线忙碌。"有人问我是不是太爱沙漠了，其实我对沙漠恨得不得了，你恨它就要制服它、治理它，把它制服、治理以后，它就可以造福人类。"说起治沙，王有德眼中总会放光。

马鞍山毗邻银川市河东机场，一度因乱砍滥伐、乱采乱挖生态破坏严重。为确保机场正常运行和百姓安全，王有德义务承担起负责绿化机场附近荒滩的任务。每天，他带着妻子早出晚归打田埂、栽树，发动社会力量开路引水、削高填低、清石换土……他的举动感动并吸引了不少人参与其中。2014 年，王有德募集资金发起成立了宁夏沙漠绿化与沙产业发展基金会。

5 年来，基金会在这片荒滩上建成了拥有 40 多个树种的生态植物园，占地 2000 多亩的防护林，栽树 100 多万棵，生态治理 7000 多亩，昔日荒滩

2013 年 11 月 19 日，王有德在毛乌素沙漠边缘。

换上了绿装。

　　"生命不息，治沙不止，我要在治沙播绿中实现自己的人生价值。"王有德说，"多栽一棵树，就是我的价值；多治理一片荒山，就是我的价值；让当地老百姓找到致富之路，就是我的价值！"

王有德：播绿四十载　冲破漫天沙

王启民

"人民楷模"

　　王启民，男，汉族，中共党员，1937年9月生，浙江湖州人，大庆油田有限责任公司原总经理助理。他发扬"大庆精神"和"铁人精神"，敢于挑战油田开发极限，研究并提出了"分阶段多次布井开发调整"理论，其中表外储层开发利用技术突破了国内外认为不能开采的禁区。他主持的油田高含水后期"稳油控水"项目研究，为大庆油田实现27年5000万吨以上高产高效持续开发作出重要贡献。荣获"全国先进工作者""全国优秀共产党员""改革先锋"等称号。

王启民

一生为祖国"加油"

这是一种不解之缘——2019年9月26日，是大庆油田发现60周年，也是他83岁的生日。

他为石油而生。是他，挑战油田开发极限，推动大庆油田连续27年年产原油5000万吨以上，创造了世界同类油田开发奇迹，为祖国建设、发展源源不断地"加油"。

他叫王启民，大庆"新铁人"，"人民楷模"国家荣誉称号获得者。

"闯将在此"——毛头小伙儿"敢笑天下"

记者眼前的王启民，像个邻家老人。由于长期野外作业，他早年患上类风湿强直性脊椎炎，有些驼背。但一谈起攻克的那些石油开采难题，便神采飞扬。

1960年，还在北京石油学院读书的王启民，来到刚开发的大庆油田实习。"当时，几万会战职工住地窖子、啃窝窝头，人拉肩扛、爬冰卧雪也要为国家找油。"他被这种场景震撼，毕业后毅然重返大庆。

当时，外国专家的一席话深深刺痛了他的心。"他们说，中国人根本开

王启民。

发不了这样复杂的大油田。"王启民回忆。

"可这个油田是国家之宝啊！"王启民说，铁人王进喜说了，没有条件创造条件也要上，"把国家的需求作为奋斗的方向，干劲就来了。"

王启民等几个年轻人写了一副对联——"莫看毛头小伙子，敢笑天下第一流"。横批"闯将在此"。"闯中有马，我们把'马'字写得大大的，突破了'门'框。"王启民说，我们一定要闯出天下一流的开发路子来。

挑战迎面而来。早期，由于缺少经验，大庆油田只能套用外国"温和注水，均衡开采"方法开发，结果造成油井含水上升快，原油采收率一度不到5%。长此以往，将对油田带来极大破坏。

"大庆油田地下构造千差万别，有富油层，也有薄差油层，怎么能以同一个水平开发呢？"王启民质疑。通过不断试验，他提出"非均匀"注采理论，使日产百吨以上的高产井成批涌现，为大庆油田原油上产提供了重要保证。

"宁肯把心血熬干，也要让油田稳产再高产"

20 世纪 70 年代，一面是国家急需更多的原油，一面是随着开采程度加大，油井平均含水明显上升，油田开发又一次面临严峻考验。

1970 年，王启民和试验组一行在油田中区西部开辟试验区。"有的井含

王启民。

水量上升，得赶快想办法。当父亲的干啥，就是给孩子治病啊。"他把油井当作自己的孩子。

吃、住、办公几乎都在现场，王启民和团队坚持了10年。3000多个日夜，他们白天跑井，晚上做分析，和无言的地层"沟通"，终于绘制出了大庆油田第一张高含水期地下油水饱和度图，揭示了油田各个含水期的基本规律，发展形成了"六分四清"分层开采调整控制技术。1976年，大庆油田年产原油攀上5000万吨。

为接续高产稳产，王启民又把目光瞄向了表外储层，这是被国内外学界认定为"废弃物"的油层。"这些油层虽然薄、差，但层数很多，储量丰富。"王启民认为，既然禁区是人设定的，就能打破它。

在质疑声中，一次次失败、一次次纠错、一次次再来……王启民带队对1500多口井逐一分析，对4个试验区45口井进行试油试采，终于找到了开发表外储层的"金钥匙"。这项技术使得大庆油田新增地质储量7亿多吨、可采储量2亿吨。

"既然选择了这条路，吃苦就是最基本的准备。宁肯把心血熬干，也要让油田稳产再高产。"这是"新铁人"的宣言。

20世纪90年代中期，大庆油田主力油层含水超过90%。王启民坐不住了，带队开展"稳油控水"技术攻关，使3年含水上升不超过1%。到2002年，大庆油田实现了连续27年年产5000万吨以上的高产稳产。

一生只做一件事——为祖国献石油

如今，83岁的王启民还坚持每天来到办公室。"退而不休"的他又开展起新能源技术研究。"我虽然岗位退了，但有责任为年轻科研人员成长当好人梯。"王启民说。

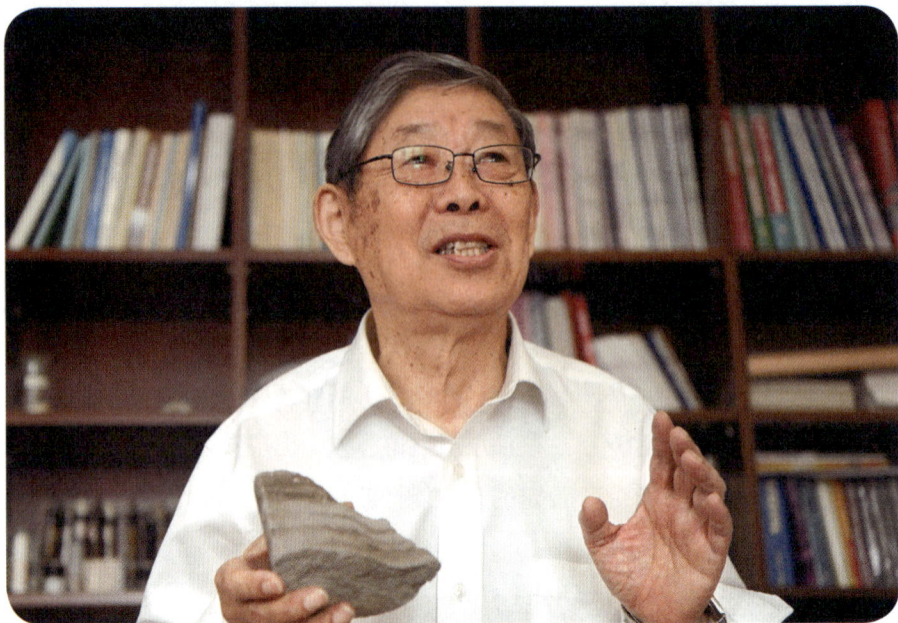

2019 年 6 月 28 日，王启民手拿含油岩石样本介绍情况。

对于经手的技术报告，他关注到小小的标点符号，总是习惯用铅笔在报告上标注。"这是平等探讨。"王启民表示，如果有不同看法，可以随时改过来。

"要有铁人的'拼'，'十年磨一剑'的'傻'，向各种人物、事物学习的'智'。"这是王启民自创、秉持的新"三字经"。

从 23 岁北上来到大庆油田，王启民奋战在这片热土，整整 60 年。

"我只是个普通代表，荣誉属于大家。"王启民说，回首走过的岁月，感慨万千，仿佛又看到了"拼命也要拿下大油田"的震撼场面，又回到了探索先进勘探开发技术的火热一线。

王启民：科技兴油保稳产 大庆"新铁人"

王继才

"人民楷模"

王继才，男，汉族，中共党员，1960年4月生，2018年7月去世，江苏灌云人，江苏省开山岛民兵哨所原所长、燕尾镇开山岛村原党支部书记。1986年开始，他和妻子奉命守卫开山岛，32年如一日排除困难、坚守孤岛、为国戍海，自己动手修缮营房、建设哨所，坚持每天巡海岛、护航标、写日志，坚决与走私、偷渡等不法分子作斗争，有力捍卫了国家利益，把人生最美好的年华无私奉献给国防和海防事业。荣获"全国优秀共产党员""全国爱国拥军模范"等称号。

王继才

"让我一辈子守着这面旗！"

2019年10月1日早上，五点半左右，黄海前哨开山岛上，天才微微亮。

这是新中国成立70周年的日子，岛上值守的民兵升起了一面崭新的五星红旗。

海面很平静。阳光穿过薄薄的海雾，照在鲜艳的国旗上，洒向守岛英雄王继才的铜像——他手指着太阳升起的方向，眺望着波光粼粼的大海。

英雄，仿佛从未曾离开过。

这座面积仅有0.013平方公里的国防战略岛，长期没水、没电、缺衣少食，王继才却整整坚守了32年。他让五星红旗每天在这里伴着朝阳升起，让松树、桃树、梨树在石头缝上开花结果，而自己却因积劳成疾，永远倒在了开山岛的台阶上。

在庆祝新中国成立70周年之际，王继才被授予"人民楷模"国家荣誉称号。

2017 年 1 月 1 日，王继才夫妇在江苏开山岛的最东边举行向国旗敬礼仪式。

一座岛一面旗，这里就是中国

开山岛是我国的黄海前哨。1985 年部队撤防后，当地人武部曾先后派出 4 批 10 多名民兵守岛，都因条件艰苦没能长期值守。1986 年 7 月，人武部政委找到王继才。面对组织挑选，他毫不犹豫接受了任务，瞒着家人上了岛。

放心不下丈夫的妻子王仕花，毅然辞去工作，上岛与丈夫并肩值守。

从此，王继才夫妻俩每天做的第一件事就是在岛上升起五星红旗。

没有人让他们升旗，王继才却认定，在这座岛上国旗比什么都重要。

抗日战争时期，日本侵略者曾以开山岛为跳板侵入大陆。了解这段历史的王继才下了决心，每天都要把国旗从这里升起来。

他曾说："升起国旗，就是要告诉全世界，这里是中国的土地，谁也别想欺负咱！"

一次，台风来袭，王继才脑子里只想着国旗。他顶着狂风，跌跌撞撞爬到山顶，奋力把国旗降了下来。

回来时，他一脚踩空滚下17级台阶，肋骨摔断了两根，人差点被吹进海里卷走。可手里，还紧紧抱着那面国旗，像是护着一个初生的孩子。

第二天，赶来的渔民把他接下岛送进医院。大家劝他，为了一面旗摔成这样，如果真的命没了，值得吗？

王继才却说："守岛这么多年，开山岛就是我的家，如果哪天真出事了，就把我埋在岛上，让我一辈子陪着国旗！"

海风呼啸间，王继才坚持了32年，让开山岛永远飘扬着一抹令人魂牵梦绕的红色，直到他生命的最后一刻。

一棵树半辈子，这岛就是我家

开山岛是座石头山，上面没水、没电、没粮，只有几间破营房。一年四季，石缝里的茅草绿了又黄，在海风中簌簌发抖。当地人说，在上面活着都很难，更不要说守。

然而，王继才没有退缩。没有水，他们喝水窖里攒下的雨水；没有电，他们晚上点蜡烛；没有粮，他们在岛上种菜、捕鱼，让大女儿在岸上当"补给队长"，不时买点东西托渔民捎来……

风一来，岛就与世隔绝了。有一次柴火用光了，夫妻俩一连嚼了5天生米。风停时，渔民上岛发现，他们已经饿得说不出话。

王继才没有动摇：守岛就是守国，守岛也是守家。

上岛第一年，王继才种过白杨，全死了。第二年，种了槐树，又没活。第三年，撒下苦楝树种，竟然长出一株小苗。

如今，这棵长不高的苦楝树，依然倔强挺立在岩石上。王继才就像这棵苦楝树，仿佛专为这座岛而生。

就这样种了死，死了种，大树旁边种小树，小树下面种瓜菜……年长月久，植物成丛，小岛获得了新生。

风雨之间，岛上的家在倔强坚持，岸上的家也在苦苦支撑。王继才夫妇在岛上，三个孩子只能留在岸上。一个夏夜，蚊香点燃蚊帐，三个孩子差点被烧伤。得知消息，王继才心如刀绞，但他咬了咬牙，依然没有下岛。

为了守岛，王继才错过了女儿的婚礼，错过了外孙的出生，错过了与老父亲的最后一面。一次次错过，他都揪心不已。人家问急了，这个憨厚的七尺大汉只憨出一句话："岛是国家的，我走了，岛怎么办？"

2017 年 2 月 21 日，王继才在江苏开山岛上眺望远方。

2017 年 2 月 21 日，王继才夫妇在江苏开山岛上例行巡岛。

一份责任一腔热血，答应了就坚持到底

没有人命令过王继才要一直守下去，但他一次也没有提出过要离开。

那 30 多年里，曾有过许多诱惑和机遇。走私犯要与他平分利润，蛇头对他威逼利诱、拳打脚踢，王继才没有动摇；岸上经济发展如火如荼，改革开放让周边的人们都富起来了，王继才没有离开。

20 世纪 80 年代上岛，王继才说，这是国家交给的任务，必须完成；90 年代，他继续坚守，是为了履行对组织对上级的承诺；2003 年 10 月，王继才在岛上入党，他庄严宣誓："对党忠诚，积极工作……随时准备为党和人民牺牲一切……"2015 年 2 月，他在北京参加军民迎新春茶话会，再次承诺："一定把开山岛守好！"

一年又一年，守岛，从"有期限的任务"变成了"终生的使命"。

在与犯罪分子的斗争中，在对渔民、对设施的守护中，在每天升起的五星红旗上，王继才看到了自己守岛的价值。

儿子王志国曾因为工作枯燥乏味向父亲抱怨，王继才却语重心长地告诉他："如果你觉得工作没趣味，那是因为你没花时间、没用心。"

王志国在以后的日子里才更深刻领会到这句话的含义：用了心，花了时间，再平凡的小事，也会有价值。

2018 年 7 月 27 日，老民兵王继才倒在了开山岛的台阶上。

哨所的营房里，一面国旗整整齐齐放在桌上。

那是他生前升过的最后一面国旗。

王继才：一生守护一座岛　用平凡铸就不凡

布茹玛汗·毛勒朵

"人民楷模"

　　布茹玛汗·毛勒朵，女，柯尔克孜族，中共党员，1942年6月生，新疆乌恰人，新疆维吾尔自治区乌恰县吉根乡护边员。她长期扎根于祖国边疆，无怨无悔、默默无闻地将青春年华奉献给祖国的守边事业，在平均海拔4000米以上的冬古拉玛边防线上50多年如一日巡边护边，每天最少要走20公里山路，在她守护的山口，创造出无一例人畜越境事件的守边业绩。她积极宣传爱国护边工作，在边境线的许多石头上刻下"中国"两个字，这些"中国石"成为当地护边守边、彰显爱国情怀的象征。荣获"全国爱国拥军模范""全国三八红旗手""全国民族团结进步模范个人"等称号。

布茹玛汗·毛勒朵

中国，一生的守护

柯尔克孜族牧民布茹玛汗·毛勒朵今年 78 岁。她生命中绝大部分时光，在祖国最西端的边境线上度过。

50 余载，只为守护国家边境。每日跋山涉水、夜宿雪岭、攀爬峭壁……路途上，唯有孤独、危险、寒冷相伴。她走过 20 多万公里山路，在帕米尔高原大大小小山石上亲手刻下 10 多万块"中国石"。

极致的忠诚热爱、坚定执着，感动中国。

"我做了应该做的事"

布茹玛汗·毛勒朵是新疆克孜勒苏柯尔克孜自治州乌恰县吉根乡冬古拉玛通外山口的一名护边员。这里海拔 4290 米，是帕米尔高原中国通往吉尔吉斯斯坦的一处边防隘口。

1961 年，19 岁的布茹玛汗跟随丈夫在冬古拉玛安家。她发现，这里虽有边界线，但没有界碑。那时的她，便立下手刻界碑的心愿。

布茹玛汗记得，当她第一次将"中国"两个字刻在石头上时，欣喜地将

2012 年 10 月 1 日，在新疆乌恰县吉根乡，布茹玛汗·毛勒朵遥望边境线上的雪山。

那块石头抱在怀中。50 多年过去，她在边境线上的 10 多万块大大小小石头上刻下"中国"两个字。

布茹玛汗的父亲是孤儿，自小和 5 个兄妹为巴依（富户）家放牧谋生。新中国成立后，全家开始过上好日子。对于来之不易的新生活，布茹玛汗的父亲十分珍惜，弥留之际叮嘱子女："这里是解放军吃着草根才得到解放的，你们要守好边境，像待家人一样待解放军。"

那时，很少有女性放牧巡边，但布茹玛汗每日早出晚归，将越境的牛羊赶回来，查看陌生人有无进出边境。冬古拉玛山口离布茹玛汗的家有 60 公里山路，她照顾不了家庭；一路上，悬崖、乱石滩、沟壑密布，她的腿脚经常被尖利的岩石划出道道血口，很多次受困于暴风雪中……护边生涯里，布茹玛汗遭遇过无数危险。

她对于边境线的守护执着得近乎"偏执"，乡邻笑她痴傻，丈夫也和她闹过矛盾。

然而，她无怨无悔。"父亲说过，边境线安稳国家才能安稳，人们才能有幸福生活，我做了应该做的事，度过了有意义的一生。"布茹玛汗说。

"他们就像我的孩子"

"拥军爱军"是布茹玛汗常年坚持的另一件事。她记不清救治过多少冻伤、摔伤、被困暴风雪的"兵娃"，给他们妈妈般的爱与呵护。

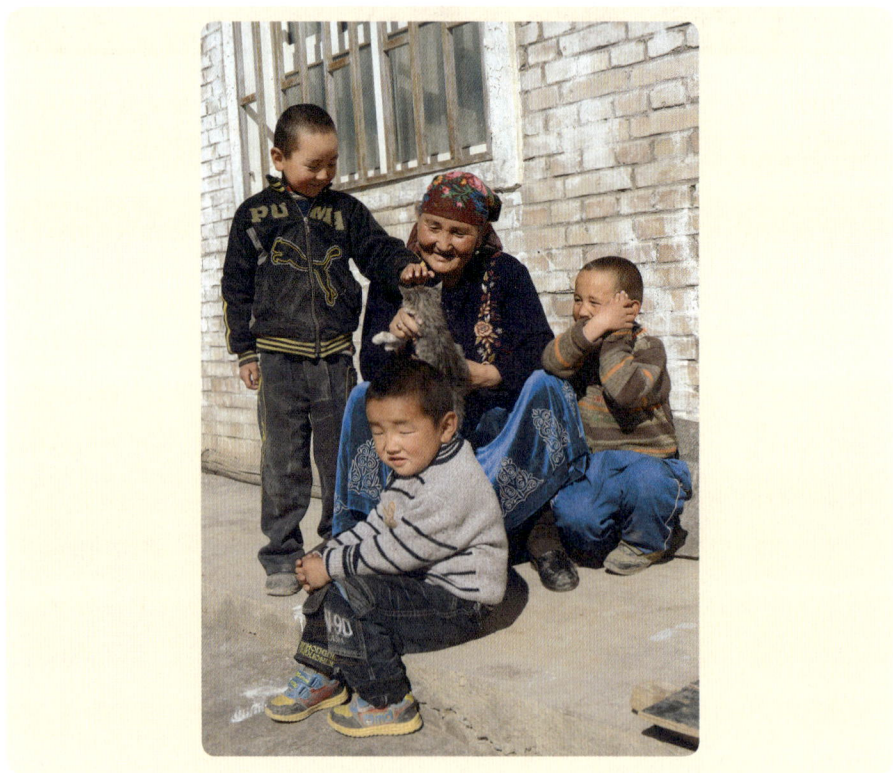

2012年10月1日，在新疆乌恰县吉根乡，布茹玛汗·毛勒朵与她的孙子们在一起。

1999年，浙江籍战士罗齐辉巡逻时被困暴风雪，双腿严重冻伤。得知情况后，布茹玛汗迅速将他抬进毡房，把小战士的双脚揣在自己怀里暖着，让儿子麦尔干宰杀山羊接热血救治。经过1个多小时急救，战士的脚开始恢复知觉。

2004年，边防战士胡红利带领7名战士出发，原计划巡逻8天后到达冬古拉玛山口。天气突变，他们被困半山腰。暴雨之夜，布茹玛汗和儿子背着干粮摸着石头一点点向前挪，赶了十几个小时山路，将救命干粮送到战士们手中……

布茹玛汗有一个习惯：只要有空就织毛衣、毛裤、毛袜子，用的是自己手工捻的羊毛和骆驼毛，给"兵娃"们准备过冬衣物；战士们的鞋袜、衣服湿了，她就守在火堆边一件件烤干；衣服破了，她一件件补好……

布茹玛汗家生活并不宽裕，可是，只要边防战士巡逻经过她家，或来做客，她和丈夫、孩子都会把毡房让给战士们住，自己搬到放杂物的小毡房里。每年建军节，她都会在家里准备酥油卷饼、奶，宰杀牛羊，请边防战士到家里庆祝节日。

"他们就像我的孩子。"布茹玛汗满是怜爱。

"对得起自己、对得起国家就是最大的好"

对于布茹玛汗而言，热爱祖国是一种信仰。这已经成为家风并得以传承。

布茹玛汗有三个儿子、两个女儿，都是护边员。她对子女说："我过去吃的苦像山那么多。你们现在也要守护好祖国的边境线。"

布茹玛汗的儿子麦尔干从12岁就跟着妈妈巡边护边。如今，40岁出头的他已是当地护边员小组组长。回想过去，他红了眼眶："小时候埋怨妈妈为什么总不回家，为什么不能像其他人的妈妈一样给我们做热饭热汤，只知道她在边境线上巡边，还常常受伤。成为像她一样的护边员后，才明白了边境线的意义，开始钦佩妈妈，为她骄傲。"

布茹玛汗·毛勒朵骑马巡逻。

如今，布茹玛汗的故事传扬在天山南北，成为新疆各族护边员的榜样。

2019年国庆前夕，布茹玛汗荣获"人民楷模"国家荣誉称号。当她蹒跚走向领奖台时，远在近万里外的国境线，布茹玛汗家人围坐在电视机前，喜极而泣。

"把自己该做的事情做好，对得起自己、对得起国家就是最大的好。"布茹玛汗说。

布茹玛汗·毛勒朵：为国守边终不悔

朱彦夫

"人民楷模"

朱彦夫，男，汉族，中共党员，1933 年 7 月生，山东沂源人，山东省沂源县西里镇张家泉村原党支部书记。1947 年参军，经历战斗上百次，在抗美援朝战场上失去了四肢和左眼，10 次负伤，3 次荣立战功。退伍后用自己的抚恤金，建图书室、办夜校，帮助农民提高文化素质。担任村党支部书记 25 年，带领群众治山治水、脱贫致富，把一个贫穷落后的山村变成了山清水秀的富裕村。他身残志坚，用残肢抱笔，历时 7 年创作两部自传体长篇小说《极限人生》和《男儿无悔》。荣获"全国优秀共产党员""全国道德模范""全国自强模范"等称号。

朱彦夫

身残志坚敢担当　带领乡亲奔小康

进入 10 月，山东淄博市沂源县张家泉村的红山梯田进入采摘季，漫山的枝头上，"沂源红"苹果泛着光泽……

"这片 70 多亩的梯田，就是老支书朱彦夫 1970 年起带着乡亲们垒起来的。一干就是 7 年时间。"望着层次分明的梯田，张家泉村村委会主任刘文合说，这片梯田果园光照多、通风好，一公斤苹果能多卖 1 元钱。

这个小山村，因种植苹果、蜜桃而走上富裕之路。说起这山上山下一千多亩的果林，村民们都会感念一个人——朱彦夫。

中国的"保尔·柯察金"

朱彦夫，被称为中国的"保尔·柯察金"。1947 年，14 岁的他成为一名解放军战士，先后参加淮海战役、渡江战役、抗美援朝等上百次战斗。1950 年 12 月初，朱彦夫奉命随部队参加抗美援朝。在朝鲜长津湖战斗中，他所在连队冒着零下 30 摄氏度的严寒，与装备精良的敌人血战三天三夜。全连伤亡殆尽，最终仅有他一人生还。然而，战斗的残酷、天气的

朱彦夫在给孩子们讲述村庄的创业史。

恶劣，让他的躯体受到严重伤害。

先后手术 47 次、昏迷 93 天，双手以及膝盖以下都被截去，左眼失明、右眼视力降至 0.3……"我这样的'肉轱辘'还要留在世上给他人添负担吗？"朱彦夫有好几次想到了死，但战友的牺牲让他觉得要将生命投入到他们未竟的事业中。

1956 年初春，朱彦夫回到家乡。学会生活自理成为他要攻下的第一个"碉堡"。

一开始，残臂刚夹起勺子，勺子就掉了；用嘴叼起勺子，又把碗碰翻了；终于舀上了"饭"，刚要低头张嘴，勺子又掉了下去。一个动作要反复练上几十次、上百次。每"吃"完一顿饭，他都累得精疲力尽。

就在这一次次练习中，朱彦夫学会了自己吃饭，又学会了捆绑绷带、装卸假肢、如厕自理。慢慢地，健全人能干的事，他大多都能干。不仅如此，1958

2014 年 3 月 18 日，朱彦夫在接受记者采访。

年朱彦夫担任张家泉村党支部书记，扛起带领乡里乡亲过上好日子的重担。

带领乡亲们过上好日子

此后的 20 多年里，张家泉村填平了 3 条深沟，新增粮田 200 多亩；先后打出 9 口水井和 3 眼大口井，修了 1500 米水渠。那些年，朱彦夫戴着假肢、拄着拐杖翻山越岭，自创了"站着走、跪着走、爬着走、滚着走"四种走路法；那些年，朱彦夫冬闲时节带头下地打井，井水、汗水、血水将假肢死死冻在他的身上；那些年，张家泉村在周边 71 个村庄中创下多项第一：办夜校、整山造田、掘井取水、架线通电……

卸任后的朱彦夫，又开始筹备写书。他要把战友们英勇奋战、自己成长的经历写成书。衔笔写字、翻检字典，这并不比学会吃饭穿衣、打井整田容易多少。然而，朱彦夫依然成功了，《极限人生》《男儿无悔》两本自传体小说的出版，让更多人认识了这位"中国的保尔"。

"我不是英雄，人民才是英雄"

直到今天，每当朱彦夫回到张家泉村时，周围几个村庄的老百姓依然会聚集到他的身边。年长者要与他叙叙旧，中年人要和他讲讲村里新变化，青年人要看看这位传奇人物的模样。村中的"朱彦夫事迹展览馆"去年修葺一新，目前已接待各地学习访问团 500 余个、学员超过两万人，成为当地重要的党性教育基地。

2017 年 4 月 12 日，在山东淄博市沂源县张家泉村，朱彦夫眺望盛开的桃花。

国庆节前夕，笔者走进老英雄朱彦夫的住所。小院里草木丰茂，居室内井井有条。在他的卧室中，各类书报杂志被码放得整整齐齐，连书桌上的药盒都如同队列般摆成了一条直线。老人依然保持着军营的生活作息方式，读书、看报、听新闻是老人每天必做的功课。

一支笔夹在铁环上、铁环箍在残臂上，依靠这样的书写工具，老英雄在纸上写下了"祝祖国永远强盛"等几行字。"我不是英雄，人民才是英雄，我的战友才是英雄。"朱彦夫说。

朱彦夫：永远像战士一样坚守阵地

李保国

"人民楷模"

李保国，男，汉族，中共党员，1958 年 2 月生，2016 年 4 月去世，河北武邑人，河北农业大学教授。他始终奋战在科技兴农、脱贫攻坚和教书育人第一线，先后取得研究成果 28 项，获得省部级以上奖励 18 项，培育了 16 个山区开发治理先进典型，带动 10 万山区农民增收 58.5 亿元。参与开发的聚集土壤、聚集径流"两聚"理论，使邢台前南峪森林覆盖率达到 90.7%，植被覆盖率达到 94.6%。荣获"全国优秀共产党员""全国先进工作者""全国脱贫攻坚模范""改革先锋"等称号。

李保国
太行山上的新愚公

> 他35年如一日行走太行，用科技力量打开百姓脱贫致富之门；他埋头耕耘、无私奉献，直至生命最后一息。
>
> 他就是河北农业大学教授、全国优秀共产党员、"人民楷模"国家荣誉称号获得者李保国。

"我见不得老百姓穷"

1958年，李保国出生于河北武邑县的一个农村家庭。1981年，作为恢复高考后的第一届大学生，李保国大学毕业后留校任教。

上班仅十几天，他便和另外两名教授一起扎进太行山，搞起了山区开发研究。

李保国常说："我是农村长大的，过去家里很穷，我见不得老百姓穷。我是国家恢复高考后培养的第一届大学生，学的农林专业，该用学到的知识为农民做点儿什么。"

当时的太行山，水灾旱灾频发，交通不便，三分之二的地区年人均收入不足50元，十分贫困。李保国和课题组同事选择将极度贫困的河北省邢台县

2013 年 3 月 7 日，李保国（右二）在河北省阜平县槐树庄乡指导山区开发。

浆水镇前南峪村作为开发试点，用愚公移山精神，跟石头山"较起了劲儿"。

前南峪村的荒山秃岭，经李保国和同事们十几年的开发治理，秃岭变身"山顶洋槐戴帽、山中果树缠腰、山底梯田抱脚"的景象，林木覆盖率达90.7%，植被覆盖率达 94.6%。

为引领太行山百姓脱贫致富，李保国又全身心投入山区开发治理和经济林栽培技术研究，先后完成山区开发研究成果 28 项。他在太行山区推广林业技术 36 项，建立了太行山板栗集约栽培、优质无公害苹果栽培、绿色核桃栽培等技术体系，让 140 万亩荒山披绿，带领 10 万农民甩掉了"穷帽子"。

"不为名来、不为利去"

李保国在林业技术推广方面，坚持有求必应，从未收过农民一分钱讲课

2016年1月27日，李保国在河北省内丘县岗底村向村民讲解果树修剪知识。

费，从未拿过企业任何股份。李保国说："只有不为名来、不为利去，一个心眼儿为百姓，农民才信你，才听你。"

30多年与农民朝夕相处，李保国与农民结下了深厚感情，学会了用农民的语言和他们交谈，传播新技术。朴实的农民也用自己特有的方式感动李保国。

每逢正月到村里，农民都争相邀请李保国做客、吃饭。一次遭遇交通阻塞，李保国急着赶回去上课，村民甚至拆掉了自家院墙，为他"开路"。

李保国说："每想起这些，我的心中就涌起一股热流。为了农民兄弟的真情，我愿意把自己的知识和能力全部贡献出来。"

无论何时何地，他对农民提出的各种问题，总是不厌其烦地耐心解答。对待慕名咨询的农民，他从来不慢待。不管认识不认识，只要有农民咨询，他从不敷衍，真心实意地帮着解答、帮着管理。

"看到乡亲们渴求技术知识的那种眼神，我真舍不得离开。"李保国永远牢记自己是共产党员，是农民的儿子，为农民服务好是他的最大职责。

"把最新的知识交给学生"

"是共产党员，我就要为党负责；是教师，我就要为学生负责。"这是李保国的口头禅，也是他教学工作的真实写照。

李保国是知名教授，不管有多忙，他都坚持给本科生上课，先后有1000多名本科生听过他的课。有人劝他："你光带研究生搞科研就超工作量了，本科生的课麻烦，象征性地上几次，剩下的给年轻老师分分就行了。"他坚决不同意，说要从本科阶段开始引导，让学生热爱农林专业。

2009年11月29日，李保国带领学生实习。

李保国竭尽心力培养德才兼备的合格人才。他注重教育教学规律的研究与探索，积极进行教育教学改革，采取以专业课带动素质教育、启发式加压推进专业课教育的举措，从表达、思维、实践等方面，着重培养学生的说、写、做能力，取得很好效果。

长期的科研工作，大量的科研成果，丰富的实践经验，李保国最了解学科的前沿、农村的需要、果农的期盼。他及时把自己的科研成果和在实践中获得的经验充实到教学内容中，把生产一线的信息及时更新在教材和授课中。

"我要把最新的知识交给学生，使他们站在学科的前沿。"无论是课题攻关还是下乡实习，李保国都与学生一同做试验课题、一同上山下园、一同住通铺，师生手把手、肩并肩的教学、生活场景感人至深，许多学生在校期间就取得了骄人的科研成绩。

李保国火一样的热情和顽强拼搏的精神，影响着一批又一批学子。

李保国：太行山上新愚公　科技创新助脱贫

都贵玛

"人民楷模"

　　都贵玛，女，蒙古族，中共党员，1942 年 4 月生，内蒙古四子王旗人，内蒙古自治区乌兰察布市四子王旗脑木更苏木牧民。20 世纪 60 年代初，年仅 19 岁的都贵玛，主动承担 28 名上海孤儿的养育任务，用半个世纪的真情付出诠释了大爱无疆，为我国民族团结进步事业作出重大贡献。20 世纪 70 年代，都贵玛自学蒙医蒙药和妇产科知识，先后挽救了 40 多位年轻母亲的生命。荣获"全国三八红旗手""全国民族团结进步模范个人"等称号。

都贵玛

草原最美的额吉

都贵玛老人坐在窗前，用橘红色的头巾包住苍白的头发，脸上爬满岁月的痕迹。她不时望向放在桌子上的手机，那里有她抚养过的 20 多个孩子建立的微信群，孩子们经常在群里与额吉（蒙古语意为妈妈）分享生活的酸甜苦辣。

一直以来，内蒙古自治区四子王旗脑木更苏木牧民都贵玛和她28 个孩子的故事以不同的形式在全国流传。她的名字在歌声中传扬，她的故事在荧幕上重现，她的善行被写进书中，她被人们称为草原最美的额吉。前不久，这位博爱行善的蒙古族老人被授予"人民楷模"国家荣誉称号。

28 个南方孤儿的蒙古族额吉

1960 年的一天，牧羊姑娘都贵玛被招进内蒙古四子王旗临时建立的保育院工作，一下子成了 28 个孩子的额吉。那一年，她 18 岁，尚未成家。

20 世纪 60 年代初，上海、江苏、浙江、安徽等地陷入物资匮乏、食物奇缺的困境，育婴堂的米粮眼看就要见底，被政府收养的几千个孩子面临死

上图为：在内蒙古四子王旗脑木更苏木乌兰希热嘎查，都贵玛（中）和女儿查干朝鲁（左）在她们居住的蒙古包前合影；下图为：2018年，在内蒙古四子王旗乌兰花镇，76岁的都贵玛（右）和女儿查干朝鲁（左）在自家楼下合影。

亡威胁。在周恩来总理和时任内蒙古自治区党委书记、政府主席乌兰夫的安排下，3000 名孤儿从遥远的江南来到内蒙古草原，他们被牧民们亲切地称为"国家的孩子"。都贵玛的 28 个孩子便是其中的部分孩子。

他们年龄最小的不满周岁，最大的也仅仅 5 岁，需要在保育院调理好身体之后才能被牧民们领养。年轻的都贵玛在一位助手的帮助下要照顾这些体弱多病的婴幼儿，让他们慢慢适应北方的寒冷、牧家的饮食，向党和国家履行"接一个、活一个、壮一个"的承诺。

"我也 7 岁失去父母，对这些孤儿有着特殊的感情。"看着这些来自遥远地方的可怜孩子，都贵玛立志为他们打造草原上的第一个温暖的家。为此，这个未婚姑娘克服了常人难以想象的困难。给 28 个婴幼儿换尿布、喂奶粉、哄睡觉、教蒙古语、照顾饮食起居……都贵玛白天忙得焦头烂额，晚上睡不上一个整觉，一旦有孩子生病，她就冒着草原寒风骑马奔波几十里地送孩子就医。

那时候，有个两岁小男孩，只有躺在都贵玛怀里才能安静入睡。他会撒娇喊"妈妈"，总要跟"妈妈"一起睡。从小失去母亲的都贵玛，理解孩子对母亲怀抱的渴望。每晚，都贵玛都会抚摸着他的头，哄他入睡。后来，小男孩被牧民领养，取名"呼和"，但一直与都贵玛额吉有着密切联系，直到因病去世。

在那个缺医少药、生活艰苦的年代，在都贵玛 10 个月的精心呵护下，28 个体弱多病的孩子没有一人因病致残，更无一人夭折，都被健康地送到养父母家中。如今，这些孤儿们也已年过花甲，子孙满堂。

40 多位牧民产妇的救命恩人

20 世纪 70 年代的内蒙古草原，地广人稀、交通不便、医疗卫生条件十

2009 年 2 月 13 日，都贵玛在牧区的家里照看小羊羔。

分落后，分娩对于牧区妇女来说无疑是一道"鬼门关"。当时已回到草原放牧的都贵玛，看到身边年轻女性遭受的死亡威胁，心中有着说不出的酸楚。1974 年，刚成为一名共产党员的她，抛下家里的牧活，参加旗医院组织的培训，跟随妇产科医生学习接产技巧及产科医学知识。

1975 年的一天，四子王旗脑木更苏木乌兰希热嘎查牧民敖敦格日勒难产，但最近的医院也在 100 多公里外，情急之下，家人求助刚从旗医院学成归来的都贵玛。正在家里放牧的都贵玛，扔下羊鞭，跨上马背，及时赶到产妇家，用自己掌握的现代医学技术救下母女俩。那是她接生的第一个孩子，此后，这片偏远草原上的难产产妇有了"保护神"。

都贵玛没有辜负乡亲们的信任。她把牧业劳动之余的时间都放在学习产科医学技术上，逐步掌握了一套在牧区简陋条件下接产的独特方法，10 多年间挽救 40 多位年轻母亲的生命。

都贵玛不是专职医生,她的第一身份还是牧民。因为放牧和接产不能兼顾,当年与她一起参加产科培训的人,没有几个人能坚持下来。她说:"只要有病人家属来家里叫我,不管多忙,我都得赶过去,因为党和政府让我学习掌握了这门技术,这就是我的责任。"

就像履行照顾好"国家的孩子"的承诺一样,都贵玛一直尽职尽责地履行着产科大夫的职责,直到90年代,牧区医疗和交通条件改善,牧民产妇能方便接受专业医院诊疗。

身边困难人群的"爱心使者"

对于幼年失去父母的孟克吉雅和朝格德力格尔兄弟俩来说,有个像都

都贵玛非常珍惜所获的众多荣誉,把各种奖杯和奖状都珍藏起来。

贵玛一样的姑姑算是悲惨命运中的幸事。1980 年，都贵玛的哥嫂相继病故，她二话没说把年仅 3 岁和 10 岁的兄弟俩接回家，与自己的女儿一同抚养成人。到了 20 世纪 90 年代，都贵玛 80 多岁的姑姑、姑父瘫痪在床，无人照顾。她又义不容辞地将老两口接到家里，承担起照顾的义务，直到 3 年后老人们去世。

时间跨入 21 世纪，都贵玛已进入暮年，一场严重的车祸，让她的身体大不如从前。但她还是处处牵挂着那些需要帮助的人们，尽其所能为他们排忧解难。

汶川地震后，她主动联系嘎查党支部交纳 3000 元的"特殊党费"；得知当地一所小学有 50 多名贫困学生，她拿出 5000 元帮他们交纳相关费用；她是当地边防派出所的"编外"教导员，每年都为边防官兵讲政治教育课……

"我这辈子做的这些事情，其实都是我应该做的事情，党和国家给了我荣誉，我非常荣幸。人的一生总有忙不完的事情，只要身体允许，我还会用自己的能力帮助更多的人。"都贵玛说。

都贵玛：大爱无疆　浸润草原

高德荣

"人民楷模"

  高德荣，男，独龙族，中共党员，1954年3月生，云南贡山人，云南省怒江州人大常委会原副主任，第十届全国人大代表。他是少数民族脱贫攻坚的带头人。在任期间，科学制定发展战略，突出培育"水电、矿业、旅游、边贸"为主的特色产业群，为当地经济社会跨越式发展作出贡献。退休后，继续驻扎在独龙江河谷，跑工地、进农家，千方百计打通了独龙江乡通往山外的唯一公路，实现独龙族整族脱贫，把党和政府的关怀送到群众家中。荣获"全国优秀共产党员""全国民族团结进步模范个人"等称号。

高德荣
扎根西南边疆的一面旗帜

电视里正播着时政新闻，高德荣老人坐在家里的小板凳上目不转睛地盯着屏幕，火塘的光忽明忽暗，映着他黝黑的脸庞。这位退而不休的老人扎根西南边陲，在深山峡谷中带领群众奋斗数十载。如今，梦想实现，独龙族"一跃千年"告别了贫困。

他不仅是独龙族的带头人，也是全国的一面旗帜。大家都亲切地称呼他"老县长"。前不久，这位"依然在路上"的独龙族老人被授予"人民楷模"国家荣誉称号。

"作为党员，我只是做些应该做的"

独龙族是新中国成立初期一个从原始社会末期直接过渡到社会主义社会的少数民族，主要聚居在地处深山峡谷中的云南省贡山县独龙江乡，这里自然条件恶劣，仅有一条公路通往外界，一直是云南乃至全国最贫穷的地区之一。

直至20世纪90年代中期，独龙江仍没有一寸公路，独龙族群众过着"过江靠溜索，出门走天路"的艰辛生活。每年12月到次年5月初的大雪封山期间，独龙江就成了与世隔绝的"孤岛"。

读小学时，每天早晚要走 3 个小时山路的情景深深印刻在高德荣的脑海里。"要致富先修路。"这句话高德荣时常挂在嘴边，也落实在行动上。

通向外界的路需要翻越高黎贡山。为了这条"天路"，时任贡山县县长的高德荣上省城，进北京，使出浑身解数筹措修路资金。

高德荣经历过数次泥石流险情，经历过雪崩被埋，颠废了三辆越野车，几次与死亡擦肩而过。他只是轻描淡写地说："你不干，路就在天上；你干了，路就在脚下。"

1999 年，全长 96.2 公里的独龙江公路全线贯通，独龙江人背马驮的历史宣告结束；2003 年，时为全国人大代表的高德荣又在两会上大声疾呼"修缮独龙江公路"。次年，道路修缮后从县城到独龙江乡所需的时间由 10 小时减少到 4 小时；2014 年高黎贡山独龙江隧道贯通，独龙族终于告别半年大

2013 年 3 月 18 日，高德荣在地里除草。

雪封山被束缚的历史。

"退了休也不安生，天天往外跑。有的时候回来晚，就在沙发上躺几个小时。"高德荣的老伴马秀英心疼地说。

长期奔走在河谷边，高山上，难免落下了一些老毛病。看完新闻，高德荣接过老伴递过来的药，一把塞进嘴里服下。"作为党员，又不分退不退，我只是做些应该做的事。"高德荣说。

"全面小康，独龙族没有掉队"

2018年年底，云南贡山传来喜讯：在党和国家关怀扶持、社会各界倾力相助下，独龙族宣告整族脱贫，告别延续千年的贫困。而这一切，为改善独龙族生产生活条件而长期奔波的"老县长"高德荣功不可没。

高德荣儿时的梦想和所有被高黎贡山挡在峡谷深处的独龙族孩子一样：吃得饱、有衣穿，走出大山。

经过几番寒窗苦读，终于走出大山，当上干部的高德荣始终放不下贫困的独龙江乡。他不顾家人劝阻，放弃了在州府工作的机会，两次执意要求调回独龙江。

"党培养我，读了书、明了理，独龙江需要我，我就要回来。"高德荣说得干脆，做得漂亮。

刀耕火种、烧柴取暖，曾是独龙族世代沿袭的生产生活方式。这种生产生活方式导致"树越砍越少，山越烧越秃"。高德荣痛心地说，20世纪80年代中期，独龙江乡北部区域有成片的香樟树，吸引了大批盗伐者涌入，他们挥斧放倒一棵棵香樟，挖出根茎提炼香樟油。直到2011年年底，独龙族还过着住在茅草房、出行靠溜索、生活靠低保的日子，农民人均纯收入仅1255元。

2017 年 9 月 16 日，高德荣和村民聊天。

"路通了，电有了，好山好水还在，我们最需要做的是发展产业。"这是高德荣常对乡亲们说的话。

穷则思变。随着国家天然林保护、退耕还林等政策实施，依托生态资源优势，高德荣带领群众发展种植草果、重楼和养殖独龙牛、招引独龙蜂等绿色产业，走出了一条"不砍树、不烧山"也能脱贫致富的路子。

聊到草果、重楼产业等话题，高德荣立刻神采奕奕。"生态产业化、产业生态化。发展草果、重楼能和生态环境相适应。生态是独龙族的'绿色银行'。"高德荣侃侃而谈，"动植物基因库""生态文明思想"等新名词不时脱口而出。

"脱贫只是第一步，更好的日子还在后头"

如今，独龙江乡1000余户群众全部住进了新房，草果、重楼、独龙蜂、独龙牛、独龙鸡等特色种植养殖产业遍地开花，4G网络、广播电视信号覆盖到全乡，6个村委会全部通柏油路，大病保险全覆盖，孩子们享受从学前班到高中的十四年免费教育……几乎每一件事背后都有高德荣不懈努力的影子。

"如今独龙族群众有吃有穿，有好房子住，有病可医，有学可上，按照'两

"老县长"高德荣。

不愁三保障'的标准，独龙族整族脱贫了。"高德荣说，但脱贫只是第一步，更好的日子还在后头，要过上更好的日子，必须坚持不懈奋斗。

"我们要把上级给的扶持资金当成种子，靠我们自力更生来发芽结果。"高德荣说，我们的奋斗目标是把"输血"变成"造血"，娃娃这一代要读好书，到知识里去找小康。

脱贫"摘帽"不是终点，而是新的起点。教育提升、交通改善、水土保持、民族文化保护等仍然是这位"退而不休"的老人思考和牵挂的工作。

不久前，独龙江乡开通5G试验基站，成为云南第一个开通5G的乡镇。"有了这些先进的技术，能拉近独龙江和世界的距离，更好地帮助独龙江发展。"高德荣笑得合不拢嘴。

2019年国庆前夕，高德荣荣获"人民楷模"国家荣誉称号。当他走向领奖台时，远在西南边陲，很多独龙族群众围坐在电视机前，高兴不已。

获奖后，回到独龙江乡的老高，又开始起早贪黑，跑工地、进农家，奔忙在峡谷的山水间。

高德荣：独龙之子　一生只做一件事

热 地

"民族团结杰出贡献者"

　　热地，男，藏族，中共党员，1938 年 8 月生，西藏比如人，全国人大常委会原副委员长，第八、九、十届全国人大代表。他长期担任西藏自治区党委重要领导职务，先后配合 6 位自治区党委书记（第一书记）工作，积极维护班子团结和主要领导同志威信，参与西藏自治区稳定与发展各项重大决策的研究和实施，就西藏稳定与发展的若干重大问题提出观点和意见。他几十年来为西藏发展、和谐稳定、民生改善倾注了大量心血，付出了巨大努力，赢得了西藏各族人民的爱戴和尊重。

热 地
民族团结的楷模

新中国成立70周年之际，国家主席习近平签署主席令，授予42人国家勋章、国家荣誉称号。在28名国家荣誉称号获得者中，唯一的"民族团结杰出贡献者"引人注目。

他，就是全国人大常委会原副委员长，已是耄耋之年的热地。

从农奴成长为国家领导人，从雪域高原到祖国首都，热地始终保持忠诚、执着、朴实的鲜明品格，坚决维护祖国统一和民族团结，努力推进西藏与内地的交流，不断书写民族团结一家亲的佳话。

赤胆忠诚　旗帜鲜明反对民族分裂

2019年10月1日，热地登上天安门城楼，参加庆祝中华人民共和国成立70周年大会活动。看到"民族团结"的群众游行方队走过，热地感慨万千："没有民族团结，就没有新中国70年的辉煌成就。"

"坚定不移维护民族团结，旗帜鲜明反对民族分裂"是热地一生的信念。

1938年，热地出生在藏北高原一个农奴家庭。童年记忆里，他跟着母亲到处流浪要饭，给牧主、活佛当佣人，在寺庙做僧人，什么苦什么罪都受

过，过着暗无天日的生活，每天挣扎在生死线上。他右脚的小脚趾就是在那时冻坏，现在依旧是变形的。

随着和平解放、民主改革，西藏百万农奴翻身解放、当家做主，热地告别了黑暗的旧西藏，迎来了光明的新生活。

1959 年，他前往北京中央政法干校学习，并于 1961 年加入了中国共产党。毕业后，热地回到西藏那曲地区，成为公安战线一名普通侦查员。在一次追击残匪的战斗中，他在冰天雪地里骑马七天七夜，进入"无人区"击毙匪首，一时成为草原上人人称赞的"剿匪英雄"。

1987 年开始，在西方反华势力的支持和怂恿下，达赖集团在西藏拉萨不断发动骚乱闹事事件。当时在西藏自治区党委主持工作的热地，常常是亲临现场坐镇指挥。面对达赖集团的攻击，他坚定地说："搞分裂不行，绝对不行，我们必须肩负起维护祖国统一的责任。"

热地如此坚决地反对民族分裂，是因为他深知西藏必须在共产党的领导下、在祖国大家庭里才能发展进步，西藏各族人民必须团结才能过上好日子。

1988 年 3 月 5 日，拉萨爆发严重的骚乱闹事事件。时任西藏自治区党委副书记的热地和中央工作组被困在大昭寺三楼，遭到分裂分子的围攻和袭击。

紧急情况下，寺外的武警在窗户上用消防车搭梯子，再用部队的背包带把被困人员往外救。热地下滑时，背包带突然崩断，他从空中重重地摔在石板地上……手上自此便留下了伤疤，腰伤也一直伴随至今。

2002 年，热地率团出访欧洲议会，现身说法、理直气壮地介绍西藏的发展变化，针锋相对驳斥谬论，努力打破过去在欧洲议会只有达赖集团反动宣传的局面，引起了极大震动，产生了重要影响。中央有关领导称赞热地说，这次访问欧洲议会是一次成功的外交活动。

处置过多起西藏骚乱事件、经历过多次针锋相对反分裂斗争的热地说："在西藏，搞好民族团结工作，首要就是反对民族分裂，维护祖国统一。"

目光深邃　千方百计增进藏汉交流

2006 年，青藏铁路全线通车不久，热地坐上前往拉萨的火车。

这条连接西藏和祖国内地的铁路，离不开热地等自治区领导同志多次向中央建言献策。

2000 年的中共十五届五中全会一次分组会议上，热地说出了当时"西部大开发辐射不到西藏"的肺腑之言："我们请求中央召开第四次西藏工作座谈会，请求中央尽快修建进藏铁路！"

如今，青藏铁路通车十多年，已成为加速青藏高原发展的大动脉，西藏与祖国内地的距离正被不断拉近。

"西藏人民把青藏铁路这条'天路',称为团结之路、致富之路、幸福之路、各民族交往交流交融之路,这话一点也不假。"热地说。

作为中央治藏方略的重要组成部分,各民族交流交往交融的重要载体,援藏工作也离不开热地的贡献。

中央第三次西藏工作座谈会前,热地向中央建议加大援藏力度,"分片负责、对口支援、定期轮换"的援藏模式,以正式制度安排开启了中央国家机关与全国各兄弟省市长期对口支援西藏发展的历程,一批批援藏干部、一个个援藏项目架起了民族团结的同心桥,至今已轮换到第九批。

离开西藏到北京工作后,热地始终想着如何不断增进西藏与祖国内地的交流。

2011 年 7 月 21 日,热地在拉萨市堆龙德庆区岗德林蔬菜种植农民专业合作社考察。

2000 年 3 月 9 日，热地在北京人民大会堂接受中外记者采访。

2004 年，在热地的倡导和推动下，西藏自治区发展咨询委员会成立。委员会广泛吸收来自全国各地的专家学者，包括经济学家林毅夫，冰川地质环境研究专家孙鸿烈、姚檀栋院士等，逐步发展成为自治区党委、政府重要的智囊团，为西藏发展建言献策，为中央和国家有关部门提供决策依据。

"西藏的发展繁荣，离不开党中央的正确领导，离不开全国各族人民的支援，离不开五湖四海的智慧。"热地说。

顾全大局　奋力书写民族团结佳话

"特别能吃苦、特别能战斗、特别能忍耐、特别能团结、特别能奉献"——在各族干部群众长期艰苦奋斗中总结出的"老西藏精神"，如今已经成为一代又一代西藏建设者的座右铭。

而"特别能团结"这一条，就是热地当年建议加进去的。

2001 年 3 月 5 日，九届全国人大四次会议上，中央领导提出西藏各族人民要大力弘扬"特别能吃苦、特别能战斗、特别能忍耐、特别能奉献"的"老西藏精神"，时任西藏代表团团长的热地，立即建议把"特别能团结"丰富到"老西藏精神"中去，被中央采纳。

热地先后配合 6 位自治区党委书记（第一书记）工作，他顾全大局，不计个人得失，积极维护班子团结和主要领导同志威信，目的只有一个，就是为了西藏的稳定和发展。

他常常说："顾大局、讲团结，是我们党的优良传统。"

西藏是我国重要的边疆民族地区，地广人稀，发展任务繁重。为加快西藏发展，一批又一批内地干部人才克服困难，远离故土，开展援藏工作。

对这些把热血与青春奉献给雪域高原的"老西藏"，热地总是情真意切地关心爱护。

辽宁、山西两位在海拔 4500 米的那曲地区工作过 20 多年的"老西藏"，分别给热地写信，反映回内地退休后生活困难。

收到来信后，热地当即给有关领导写信，说明实际情况、帮助解决困难。热地说："这些人为西藏'献了青春献终身，献了终身献子孙'，可以称得上是国家和西藏的有功之臣，西藏人民不会忘记他们。他们有了困难，我们也有责任帮助他们。"

在热地的挚友中，有很多汉族同志。他清楚地记得，还是在中央政法干校上学时，汉语老师朱恕知为了纠正他的发音，告诉他舌头该怎么卷，嘴巴该张多大……

习近平总书记强调，民族团结是发展进步的基石。作为西藏发展变化的见证者、参与者、推动者，热地说："各族人民亲如一家，是西藏发展进步的重要保障，是实现中华民族伟大复兴的根本保证。"

热地：为民族团结奋斗不止

董建华

"'一国两制'杰出贡献者"

　　董建华，男，汉族，1937 年 7 月生，浙江舟山人，全国政协副主席，第八、十、十一、十二、十三届全国政协委员。他是香港特别行政区首任行政长官，为贯彻落实"一国两制"方针和《中华人民共和国香港特别行政区基本法》作出重要贡献。他带领特区政府和香港各界人士，成功抵御了亚洲金融危机、外部经济环境变化以及"非典"疫情等带来的种种困难，妥善处理诸多复杂的社会政治经济问题，维护香港的整体利益，维护国家的主权、安全和发展利益，为香港顺利回归与平稳过渡和"一国两制"成功实践作出重大的历史性贡献。

董建华

"一国两制"的践行者和捍卫者

2019 年 9 月 29 日，人民大会堂金色大厅。礼兵持枪肃立，国徽熠熠生辉。

满头白发的董建华走上颁奖台，接受中共中央总书记、国家主席、中央军委主席习近平颁授的"'一国两制'杰出贡献者"国家荣誉称号奖章，全场响起热烈掌声，向这位矢志不渝维护国家的主权、安全和发展利益，为香港顺利回归与平稳过渡和"一国两制"成功实践做出重大历史性贡献的老人致敬。

"这个奖不是颁给我个人的"

1997 年 6 月 30 日午夜至 7 月 1 日凌晨，香港政权交接仪式在香港会展中心新翼举行。董建华和国家领导人一起站在主礼台上，迎接香港的新生。忆及那神圣的时刻，董建华仍禁不住心潮激荡："看着英国国旗降下来，中国的五星红旗冉冉升起，我一个 60 岁的中国人，盼望着，感动着。"

香港回归前，关于香港特区首任行政长官人选问题成为世人关注的一个焦点，因为这将是百年来，第一位肩负治理香港重大责任的中国人，也是实

践"一国两制"、"港人治港"、高度自治的第一人。

董建华坦言，当很多人动员他出来参选时，他考虑了很久："我反复问自己，要不要站出来，是否有信心、有能力参选并担任第一任行政长官？"最终，是使命感、责任感让他决定参选："我董家四代在香港，对香港有感情，我希望参选可以实现自己为香港、为国家做点事的愿望。"

1997 年 7 月 1 日凌晨，董建华在就职仪式上说："我们的信念如此坚定，不仅是因为这个构想出自一位爱国者和政治家的睿智和远见；不仅是因为这是一个伟大国家的庄严承诺；也不仅是由于香港同胞秉承了中华民族的智慧、勤劳和特有的适应能力。最重要的是：'一国两制'的事业，完全掌握在我们中国人自己手里。"

他深知，"一国两制"是一项未有先例的伟大工程，是一个不可以失败的事业。所以，他只有勉励自己："每天、每天，努力、努力地工作。"

2015 年 4 月 29 日，董建华在香港会见记者。

在国家隆重授予他国家荣誉称号之际，这位 82 岁的老人落泪了，他说："很感动！感谢国家给了我这样崇高的荣誉，这个奖不是颁给我个人的。"在董建华看来，国家一直关心香港发展和落实"一国两制"，其成功实践更离不开广大港人的支持。"绝大多数港人都清楚地认识到'一国两制'对于国家、对于香港的重要意义，并在落实过程中经常提醒自己，有了一国，才有两制，这也是'一国两制'在香港取得成功的重要原因。"

"笑迎着大时代来临"

笔者采访董建华时，他拿出了一张发黄的照片，是他两岁时父亲为他拍的照片。下面写着父亲题的一行字：笑迎着大时代来临。

这张照片是父亲董浩云对他爱国教诲的见证:"我父亲是爱国者,在我成长的过程中,他总是对我讲,你看着,中国会越来越好。1939 年,在我两岁的时候,在位于上海建国西路的家门口拍了张照片,他给我题了一句话——笑迎着大时代来临。我不懂,然后他每年都跟我解释,经常跟我讲国家的事情,说一个大时代要来临了,你长大了有机会参与到这个大时代里,要争气啊,要争气!他觉得新时代要来了,中国人很勤奋,中国一定会好起来。"

出生于 1937 年 7 月 7 日卢沟桥事变当日的董建华,自幼便在民族危亡之中接受爱国教育。浓厚的家国情怀让他始终把国家利益放在首位。

担任香港特区行政长官期间,董建华共发表过 8 份施政报告,这 8 份报告虽各有特色,但无一例外地提倡认识祖国,鼓励以做中国人为荣。回归以来,香港社会并不平静,特别是近几年来出现了一些触及"一国两制"原则底线的事件。在这些影响香港发展的重要事件中,董建华总会第一时间站出来坚定地发声。

对香港社会出现"港独"声音,他不断重申,"香港是中国不可分割的一部分,任何危害国家主权安全,如提倡香港独立等行为,决不能允许。"

在 2019 年 6 月以来的香港修例风波中,董建华更一次次站出来,谴责暴力乱港,坚定支持特区政府依法止暴制乱。

"对我们这一代人来说,爱国是天经地义的,也是家传的,"但这份情怀怎样才能传承下去,他对此倾注极大的心血。"一百多年殖民统治的影响,不是那么容易消除。所以,年轻人的历史传统教育就非常重要。这个过程,是需要人去做的。只有读过了历史,我们才会明白,中国最近几十年的高速发展所取得的成就是多么了不起!"

"香港好，国家好；国家好，香港更好"

董建华以他对"一国两制"的践行和捍卫，赢得了香港各界、祖国内地及国际社会的普遍尊重和赞誉，他也因此成为"一国两制"实践中，团结爱国爱港力量的一面旗帜。

董建华有一句名言："香港好，国家好；国家好，香港更好"，朴素的语言强调了香港与国家唇齿相依的关系。

董建华指出，中央自始至终着眼大局，确保"一国两制"在香港得到全面准确的落实。从国家层面上看，香港要在维护国家主权、安全和发展利益方面坚定不移地站在国家的立场；而香港特别行政区自治范围内的事务则由

2017年5月24日，董建华在香港接受新华社记者采访。对香港回归那历史性一刻，他记忆犹新，称之为"人生最难忘的时刻"。

港人来处理，体现"港人治港"、高度自治。

中央政府总是在香港最困难的时候站出来给予最大支持。董建华曾多次回顾 2003 年的"非典"疫情，那是他做行政长官最艰难的一段日子。他动情地说："在最最困难的时候，中央政府给我们极大的支持。当时，香港的防护服等医疗必需品都没有了。内地也很困难，但是，中央调给了我们大量的医疗物品。没有中央的支持，我们很难想象可以渡过难关。事情过后，香港经济面临巨大困难，中央政府又开放了'个人游'，对香港经济给予巨大支持。没有中央政府的力挺，我们也过不了难关。"

"老骥伏枥，志在千里"。2008 年和 2014 年，董建华先后牵头创办了中美交流基金会、团结香港基金，为推动中美交流与合作、团结香港社会奔走不息。至今，他几乎仍然每天到办公室工作，始终把关注点放在国家与香港发展上。展望未来，八十多岁高龄的董建华仍壮心不已，"我是属牛的，牛的脾气就是这样，认准了目标就不放弃。今后一定与大家继续努力，还要比以前做得更好。"

董建华：国家好　香港会更好

李道豫

"外交工作杰出贡献者"

李道豫，男，汉族，中共党员，1932 年 8 月生，安徽合肥人，原中国驻美国大使，第九届全国人大常委。他长期从事多边和双边外交领域工作，深度参与我国在多个重大外交问题上的决策和处理。任常驻联合国代表期间，稳妥处理第一次海湾战争爆发等重大复杂敏感问题，提升了我国国际话语权。任驻美国大使期间，积极宣传我国改革发展取得的辉煌成就，巧做工作，善于斗争，妥善处置中美关系，坚定捍卫国家利益。

李道豫

不忘初心、不辱使命

> 16 岁加入地下党组织；20 岁进入外交部；58 岁出任中国常驻联合国代表，在国际舞台舌战群儒；61 岁转任中国驻美大使，坚守原则、巧妙应对，见证了中美关系从低谷到改善的全过程……52 年的外交生涯中，他始终秉持一颗炽热的初心，在波诡云谲的国际局势中向世界发出坚定的中国声音。
>
> 他就是资深外交官、"外交工作杰出贡献者"国家荣誉称号获得者——李道豫。

参加革命：坚信自己正在做的就是最壮丽的事业

祖籍安徽合肥的李道豫在上海出生、成长。1948 年，正在上海南洋模范中学读高三的李道豫，在地下党组织的教育下，走上了革命道路，加入了党组织。1949 年 8 月，李道豫被组织选派去沪江大学学习。起初进的是教育系，党支部发现英文系学生党员力量比较薄弱，建议英文成绩优秀的他转系。自此，李道豫开启了与外交事业大半辈子的不解之缘。

"当时的我们与现在的年轻人其实并没有多大差别，都朝气蓬勃、充满

1997 年 9 月 3 日，时任中国驻美大使李道豫在华盛顿代表中国政府向世界著名华裔美国建筑师贝聿铭颁发 1996 年度中华人民共和国国际科技合作奖。

干劲。不同的是，我们生在特殊革命年代。大家深知，没有国家，就毫无个人可言。"忆及 70 多年前的青春岁月，李道豫说："我们秉着一颗纯真、炽热的初心为党和国家无私工作，坚信自己正在做的就是最壮丽的事业，决心为此贡献自身一切，包括生命。"

1952 年，亚洲及太平洋区域和平会议在北京召开，李道豫被抽调去参与会议筹备和翻译工作。会议结束后，时年 20 岁的他留在了外交部工作，成为国际司的一名科员。

刚入部，李道豫的主要工作是研究《日内瓦公约》，搜集尽可能详实的法理依据，揭露抗美援朝战争中美军虐待中朝战俘的恶行，为中朝联合代表团与美面对面斗争提供参考。

"这看似细小的事，让我感觉很光荣，因为其中每一个细节都关乎中朝、中美关系大局。也正是由于这项工作的重要性和特殊性，让我时刻牢记国家利益至上。"李道豫在一次接受采访时说，这段经历让学外语出身的他得以进入国际政治和国际法领域，为日后长期从事多边外交工作打下基础。

履职联合国：每天都像走在"风口浪尖"

1990年，年近花甲的李道豫赴纽约出任中国常驻联合国代表、特命全权大使。上任不久，就遇上了外交生涯的一次重大考验：第一次海湾战争爆发。

安理会半夜通知召开紧急会议，就在各国还在讨论的当口，伊拉克已经

2011年10月24日，时任中国前驻联合国大使、联合国协会名誉会长李道豫在"庆祝第66个联合国日"纪念活动上致辞。

打进科威特首都，形势十分严峻。李道豫当即向国内电话请示，建议中方在发言中对伊拉克进入科威特表示遗憾，对谴责伊拉克入侵科威特的决议草案投赞成票。建议得到了国内批准。事实证明，这样的表态获得了国际上包括科威特方面的正面反应。

当时安理会围绕伊拉克问题通过了多项决议。有关决议草案提交安理会全体会议讨论前，一般由 5 个常任理事国先行磋商。"五常"磋商由每国大使带 1 名助手共 10 人参加。没有翻译，也没有成形的发言稿，有些问题需要当机立断，这就要求大使对形势走向有充分把握，有极强的独立思考、临场应变能力和较高的英语水平。

"在这时发言首先要快，否则随时会讲不上话或被别人打断；第二，要言之成理，一个论点提出来一定要站得稳，不会轻易被推倒；第三，身体要顶得住，因为很多时候开会都是通宵达旦连轴转，非常疲劳。"李道豫后来在接受采访时对那段日子记忆犹新，坦言是他任内遇到的最大挑战，每天都"像在风口浪尖上行走"。

李道豫在联合国担任大使的那几年恰逢世界大事不断，苏联解体、东欧剧变、南斯拉夫分裂、朝鲜韩国同时进入联合国等都在联合国经历了一轮轮的磋商。思路清晰、能言善辩的李道豫每次都能很好地表达中国的立场，稳妥处理复杂敏感问题，在国际舞台上提升了我国国际话语权。

出使美国："疾风骤雨"中坚守原则、巧妙斗争

1993 年，李道豫奉命由常驻联合国代表转任驻美大使。与驻联合国时的经历相似，李道豫驻美大使的 5 年任期也是在"疾风骤雨"中拉开序幕。

彼时，中美关系面临波折。美国时任总统克林顿上台不久就把给予中国贸易最惠国待遇同人权问题挂钩，如果中国不就范，就要在一年期限后取消

　　1996 年 7 月 17 日，中国驻美大使馆在亚特兰大举行盛大招待会，欢迎参加第 26 届奥运会的中国体育代表团。图为时任中国驻美大使李道豫在招待会上致辞。

最惠国待遇。李道豫赴任后，美方更是让他等了两个月才安排递交国书，对中方的施压可谓无所不用其极。

　　然而，随着"限期"不断临近，见中方毫无妥协迹象，美方多次通过私下沟通，试图说服中方重做打算。经过反复斗争，美方企图终未得逞。克林顿不得不承认：以经贸问题为抓手逼迫中国让步的武器效力已经用尽了。

　　"克林顿的这句话令我至今印象深刻，我认为今天的美国人应认真反思，汲取当时的教训。"李道豫 2019 年上半年在一次受访时说。

　　李道豫任内中美关系经历的最大冲击是 1995 年美方允许李登辉访美，两国关系骤降至谷底。李道豫与克林顿进行了激烈的交锋，申明中方立场。此后他奉命回国述职以示抗议，直至美方承诺遵守一个中国原则后，他才返任。

在美期间，李道豫十分注重公共外交，积极与政界、企业界、学术界、媒体等打交道，为顺利开展工作打下良好基础。为了让更多的美国民众了解一个真实的中国，他跑遍了美国 50 个州，发表了 200 多场正式演说，并经常接受美国媒体采访。

5 年中，李道豫亲历了在最惠国待遇、"银河号"事件、李登辉访美、人权、西藏等问题上与美国政府的严正交涉，也见证了中美关系的逐步恢复和改善。面对一件接一件的危机事件，他始终沉稳应对、巧妙斗争，有力捍卫了国家利益，促进了中美关系发展，也赢得了驻在国的尊重。1998 年离任之时，120 多名参众议员在美国国会曼斯菲尔德大厅为李道豫举行欢送招待会，这是极其罕见的规格。

2009 年，李道豫在一次访谈中被网友问及如何概括外交工作的特点，他引用鲁迅的诗句作答：横眉冷对千夫指，俯首甘为孺子牛。这，正是他半个多世纪外交生涯的真实写照。

李道豫：坚定捍卫国家利益

樊锦诗

"文物保护杰出贡献者"

樊锦诗，女，汉族，中共党员，1938年7月生，浙江杭州人，敦煌研究院名誉院长、研究馆员，第八、九、十、十一、十二届全国政协委员。她是我国文物有效保护的科学探索者和实践者，长期扎根大漠，潜心石窟考古研究，完成了敦煌莫高窟北朝、隋、唐代前期和中期洞窟的分期断代。在全国率先开展文物保护专项法规和保护规划建设，探索形成石窟科学保护的理论与方法，为世界文化遗产敦煌莫高窟永久保存与永续利用作出重大贡献。荣获"全国优秀共产党员""全国先进工作者""改革先锋"等称号。

樊锦诗

"只要一息尚存，就要为敦煌努力"

> 获得"文物保护杰出贡献者"国家荣誉称号后，八十多岁的樊锦诗一直很忙，从北京到香港、从厦门到巴黎……但她心里惦念的，全是敦煌。
>
> "只要一息尚存，就要为敦煌努力。"她说。

从"挖宝贝"到"守宝贝"

樊锦诗中学时就爱逛博物馆。1958年填报北京大学历史系考古专业时，她以为自己以后成天"挖宝贝"。不想此后大半生待在了大漠，成了莫高窟的守护人。

在莫高窟9层楼旁的敦煌研究院院史陈列馆里，有一个不大的房间。土炕，土桌子，还有一个土"沙发"，这是樊锦诗曾经的住所。

生活是苦的。灰土怎么也扫不完，老鼠窜上床头是常事；一直与远在武汉大学工作的丈夫相隔两地，孩子出生时，身边没有一个亲人，没有一件孩子的衣裳。

有许多次离开的机会，樊锦诗最终留在了敦煌。

2011 年 8 月 16 日，樊锦诗在敦煌莫高窟。

"对莫高窟，是高山仰止。它的材料无比广阔，内容无限丰富。越研究越觉得，老祖宗留下来了世界上独有的、多么了不起的东西！"樊锦诗说。

是吸引，更是责任。这座千年石窟曾历经磨难，成为"吾国学术之伤心史也"。常书鸿、段文杰等前辈白手起家、投身沙海，为保护敦煌倾尽一生心血。

新中国成立后，国家前所未有地重视莫高窟的保护。"文物命运是随着国家命运的。没有国家的发展，就不可能有文物保护的各项事业，我们也不可能去施展才能。"樊锦诗说，"只要莫高窟存在，我们一代代人就要把它陪好。"

从"一张白纸"到"极具意义的典范"

1987 年，莫高窟被评为我国首批世界文化遗产。时任敦煌研究院副院长的樊锦诗是申遗的主要负责人。梳历史、理保护、讲开放，在填写大量申遗材料的过程中，她看到了更为深广的世界。

"文物保护的国际宪章和公约原来没听过，保护涉及法律和管理从前不知道，怎么处理保护与旅游开放的关系也不清楚。这给我莫大的刺激。"樊锦诗说，在全面了解世界文化遗产体系后，她更深入地认识到了莫高窟的价值。

"世界文化遗产的6项标准莫高窟全部符合。我想，一定要把莫高窟保护好，让它的保护管理真正符合国际标准和理念。"她说。

一幅关于过去、现在与未来的巨大图景，在樊锦诗心里悄然铺开。莫高窟历经千年，壁画彩塑已残损破败。如何让这一人类遗产"永生"？做过文物档案的她想到了用数字的方式。

2015年9月29日，樊锦诗在敦煌莫高窟。

20 世纪 80 年代，敦煌研究院开始尝试文物数字化。就是将洞窟信息拍照，再拼接整理，最终形成能够"永久保存"的数字洞窟。这些数字资源还可以被"永续利用"，成为出版、展览、旅游等的资源。

说时容易做时难。形制改变、颜色失真、像素不足等一道道问题摆在眼前。与国内外机构合作，自己逐步摸索……樊锦诗说，从提出设想到真正做成高保真的敦煌石窟数字档案，他们花了整整 20 年。

这些数字资源显示了价值。2014 年莫高窟数字展示中心投运，数字球幕电影让游客领略了石窟风采，也缓解了保护的压力。

此外，敦煌研究院还在立法保护文物、制定《中国文物古迹保护准则》等诸多方面进行了探索、总结了经验。

莫高窟的管理与旅游开放创新模式，获得联合国教科文组织世界遗产委员会的认可，称其是"极具意义的典范"。

"莫高精神"：大漠"第二宝藏"

自 1944 年敦煌研究院建院以来，一批批学者、文物工作者来到大漠戈壁中的敦煌。2019 年国庆前夕，樊锦诗为工作 30 年以上的敦煌人颁发奖章。她那一头白发，写照着岁月的流逝，见证着一代代传承。

建院 70 周年之际，樊锦诗在总结前辈创业历程后，总结出了"坚守大漠、甘于奉献、勇于担当、开拓进取"的"莫高精神"。

"老先生们明明可以拥有很好的生活工作环境，偏偏历经千辛万苦留在敦煌，他们就是精神符号。东西坏了还可以再造，精神垮了就啥也没有了。'莫高精神'是我们源源不断的精神动力。"樊锦诗说。

如今，莫高窟发生了翻天覆地的变化，但与大城市比还有不小差距，却仍有年轻人不断踏着前辈的足迹来到敦煌，甘愿奉献。他们说，"莫高精神"

佩戴国家荣誉称号奖章的樊锦诗（2019 年 9 月 29 日摄）。

已经成为文物以外的"第二宝藏"。

"干了一辈子，总是不由自主地想敦煌。""敦煌女儿"樊锦诗充满感情地说。

樊锦诗：我心归处是敦煌

视频索引

统　　筹：蒋茂凝
责任编辑：池　溢　张振明
装帧设计：石笑梦
责任校对：梁　悦

图书在版编目（CIP）数据

国家勋章和国家荣誉称号获得者风采录／《国家勋章和国家荣誉称号
　获得者风采录》编委会　编 . —北京：人民出版社，2020.7
ISBN 978 - 7 - 01 - 022306 - 3

I.①国… II.①国… III.①先进工作者 - 先进事迹 - 中国 - 现代
IV.①K820.7

中国版本图书馆 CIP 数据核字（2020）第 126957 号

国新出审〔2020〕1152 号

国家勋章和国家荣誉称号获得者风采录
GUOJIA XUNZHANG HE GUOJIA RONGYU CHENGHAO HUODEZHE FENGCAILU

人民出版社 出版发行
（100706　北京市东城区隆福寺街 99 号）

北京盛通印刷股份有限公司印刷　新华书店经销

2020 年 7 月第 1 版　2020 年 7 月北京第 1 次印刷
开本：710 毫米 ×1000 毫米 1/16　印张：18.75
字数：253 千字

ISBN 978 - 7 - 01 - 022306 - 3　定价：69.00 元

邮购地址 100706　北京市东城区隆福寺街 99 号
人民东方图书销售中心　电话（010）65250042　65289539